JN065182

ベストパートナーと宇宙一カンタンにつながる方法

女と男が見ている世界を
体験できる物語

堀内恭隆

WAVE出版

女と男は「じぶん」を知るために分離した

CONTENTS

Chapter 1 「男」が見ている世界

Chapter 2
「女」が見ている世界

Chapter 3

「女と男」がひとつになる世界

Chapter 1
「男」が見ている世界

「未来のため」に彼女に別れを告げた夜

――メッセージで別れを切り出すって、ひどくない？

それに理由も意味不明。

「30代はまだまだ水やりの時期で、40代で花開くから、それまで君を待たせるわけにはいかない」って……どういうこと？

今までの付き合いってなんだったの？　あんたって、本当に最低!!――


5時間も考えに考えて打ったメッセージに返信が届く。その直後、手に振動を感じる。胸のあたりがギュッと締め付けられる。深く息を吸って吐き出し「通話」を押すと、彼女のけたたましい声がスピーカーから鳴り響く――。

そこから4時間。はぁ〜、女って本当に面倒くさい。彼女を幸せにする力は、僕にはまだない。そう思うからこそ、彼女のためを思って正直に伝えただけなのに、あんなに逆ギレされたのではたまらない。

重圧から解放された身体は急に空腹を訴えてきた。今からだと、もうファミレスぐらいしかやっていないよな。

これで、ようやく自分の時間を確保することができる。この2年間、彼女のためにずいぶんと時間を使ってきた。でも、こうしているうちに、将来の成功の規模が縮小されることになりそうで、内心焦っていた。

40代にもなれば、なんらかの形で成功している状態を具体的に彼女にも見せることはできるだろう。でも、今はまだ証明することもできないし、ここから先どうなるかは僕にもわからないのだ。

このまま会社でシステムエンジニアとして上り詰め、さらには業界で画期的な新しいものを生み出し、社会にインパクトを与えられるようになるか、それとも起業してそこからビジネスを大きくしていくことになるか、もしかして——いや、いずれにせよ今は、修業中の身だ。

30代、ここからの時間は取り返しがつかない。そして、ここでの1秒の使い方が、後に大きく差をつけることになっていくのだ。


778円のハンバーグセットを頬張りながら、レイ・クロックの自伝を読む。マルチミキサーの営業マンだった52歳のクロックは、マクドナルド兄弟の経営する小さなハンバーガーショップに感動し、全世界でチェーン展開することに成功する。

僕は、成功者のストーリーを読むのが好きだ。特に、今の僕と同じような時期に何を考えて、どう行動して成功に繋げていくか。ここで自分事に置き換えることが重要だ。

彼らと僕は同じ人間だ。同じ細胞を持ち、器官を持ち、生命体としての違いはない。「自分にはできない」という思い込みが、何も成し遂げられない人間との違いをつくる。無限の可能性を信じて行動すれば、100億円の企業だってつくることができる。

こんな研究をしている人間は、ほとんどいないだろう。普通に生きている人の思考回路を入れてはいけない。生き方、考え方が彼らや彼女らに近づいてしまうから。

彼女といる時間は楽しかったけれど、一緒にいると停滞する感覚になることがあった。デートなんてお金も時間も十分余裕ができたらいくらでもすればいいし、テレビドラマなんて成功してからゆっくり見ればいい。

若い間に投資をした人間こそが、この先の成果を手にすることができるのだ。

僕はもう30代に入ってしまった。ここで集中すべきことを決めてこなしていかないと、大きな損失になってしまう。今日一日。この一日を「意味のない日」にしてしまうと、脱落して追いつけなくなってしまう。

将来について思いを巡らすと、改めて彼女と別れたことが間違っていなかったのだと確認する。

気づいたら、夜中の11時を回っていた。

「あの人」との再会

マンションの前までたどり着いた矢先、ゴミ捨て場のほうから「うーん」と唸《うな》り声が聞こえてくる。

ああ、ネコに引っ掻き回されるとぐちゃぐちゃにされてしまうんだよな。

近づいていって「しー！」と声を上げようとした瞬間、ネコにしてはやけに大きな塊であることに気づいた。

瞬間、なんとなく見てはいけないものを目撃してしまったような気まずさを感じる。

スカートの裾から覗いている太ももがやけに白く輝いて見えるも、すぐさま目をそらし「大丈夫ですか？」と声をかけることに意識を集中する。

「……う――……ん。大丈夫、大丈夫。このぐらい余裕だから……」

とだけ言うと、静かになった。吐き出したばかりと思われる液体が絡んでいる髪の毛に覆われて、顔はよく見えない。漂ってくる匂いに思わず息を止めてしまう。

一応、意識はあるようでホッとするが、ずいぶん悪酔いをしているみたいだ。

「あのう、こんなところで寝ていたら風邪ひきますよ」

「…う…大丈夫…ですからー。放っといてくだ…さい…な」

そう言われて一瞬そこを立ち去ろうかと迷ったが、そのままにしておけない。

「まいったなあ。このまま、ここに置いていくのは危ないよな」

周囲に誰もいないのに、確認するように呟いて女性の右手を持ち上げようとした瞬間、気づく。

――令子さん？

なぜ、僕の家の前で酔いつぶれているのか。髪を少し掻き上げて顔を覗くと、やはり令子さんだ。

10年ぶり？　いや、社会人になってから3年目にサークルの歴代メンバーが集まって飲んだことがあるから、7年ぶりか。

学生当時、先輩たちからは「恋愛女王」と呼ばれていた。令子さんに相談すると、恋の悩みがあっという間に解決するという。僕が入学してサークルに入った頃には、令子さんの隣に座って呼吸をしているだけで、翌日恋愛が成就したという、嘘か本当か定かではない伝説まであったほどだ。

年齢はたったふたつしか違わないのだけど、令子さんはずいぶんと大人びて見えた。視界に入った瞬間、はっと惹きつけるような美しさがありながら、人懐っこい笑顔とカラッとした空気が魅力をそこに加えていて、男女問わず皆が憧れていた。が、僕を含めてほとんどの男子が、当時は遠くから見ているのがやっとで、話しかけてくれたときには、それだけで舞い上がっていた。

その令子さんが、目の前に転がっている。事情はわからない。が、このままにしておくわけにもいかない。手を掴むと想像以上に華奢《きしゃ》な感触にドキッとする。そのまま引っ張り上げて背負う。

ふわっとした香りが鼻に入るものの、それに浸る間もなくズシンとした感触がのしかかってくる。人間ってこんなに重いのか……。

そのままよろめきながら、玄関の前までなんとかたどり着いた。

部屋に入ってからぐるっと見渡す。やはりベッドしか見当たらない。ろくに洗濯をしていない布団に令子さんを入れてしまうことへの恥ずかしさと、お酒や吐瀉物《としゃぶつ》まみれという抵抗感が一緒に湧いてくるが、そうするしかない。

タオルを敷いてからその上に横たわらせ、それ以上は全く触れていないとばかりにすぐさま身体を離した。

冷蔵庫から烏龍茶のペットボトルを取り出し、喉に注ぎ込んでいく。

チラッとベッドを見ると、令子さんは微動だにしない。どうやらぐっすりと眠ってしまったようだ。

一旦汗を流したい。クローゼットから下着と着替えを急いで取り出し、即シャワーで全身を流し、そそくさと着替えた。

部屋のなかを改めて見回す。取り込んだままの洗濯物が、ひと塊でソファーの上に置いてある。シンクには、水で軽く流したままの食器が重なっている。ついさっきまでは居心地の良かった部屋が、急に荒れ果てた見すぼらしいものに感じられる。

慌てて隠すように片付けをしてソファーで横になるも、そわそわしてしまう。

ベッドのほうから何か聞こえるような気がするたびに、ドキッとしながら様子を窺ってしまう。空はしだいに白んできて、そこまで意識はあったものの、いつの間にか僕は睡魔に吸い込まれていた。


「……○@×※■△×§〃‖……!!▲◎□!!!!!!&（#$＝～＼＜＿）%!!!!!!!!」

遠くのほうから何やら聞こえてくる。

「……どういうこと!?」

だんだんと現実に引き戻されるものの、いきなりのことで何が起きているのかわからない。

「……ねえ、杉村よね？」

次第に昨日の記憶が蘇ってくる。

「あ……ああ、令子さんですよね？」

「やっぱり杉村だ。ここ、君の家？　なんで私がここにいるの？」

「いえ、あの、昨日家の前で令子さんが酔いつぶれてて……」

「ええ!?　何、私、そんなみっともないことになってたの！　やっだあ。マジで!?

ああ、やらかした。それもこれも、あいつがあんなことしなけりゃ……」

あいつ……？　誰かと何かあったのだろうか？

「ごめんねー。たしか、ここって三軒茶屋だよね。昨日、近くのお店で飲んでて、杉村の家ってこの辺りだったよなーって思ってたのよ。でも、まさか実際に来てるなんてねえ。ビビるよね」

ビビるのはこっちだ。7年前のあの日、サークルのメンバーと帰りがけにタクシーを乗り合わせて家の前で降ろしてもらったとき、令子さんも車内にいたはずだ。でも、それだけでここを覚えているなんて、どういった記憶力なんだ？

ふと時計を見やると、7時を回ろうとしている。そろそろ準備をして出ていかないとまずい。

「あの、僕、そろそろ会社に――」

「ねえねえ！　少しの間ここに置いてくれないかな？　大丈夫よ！　手出したり、

取って食ったりしないからさ」

「え!?」

予想外のことにフリーズする。

「いや、あのね、今ちょっと事情があって、帰れないのよ。2〜3日したら出ていくから、ね、いいでしょ！」

右手を顔の前に出す「お願い」ポーズをしながらも、「もうこれで決まりね」と言わんばかりのあっけらかんとした空気を醸し出してくる。

「あ、会社に行く時間なんだっけ!?　ほら、私のことなんて気にしないで、行った行った！」

完全に令子さんのペースに巻き込まれてしまっている。そろそろ出ないと遅刻してしまう。これ以上話している余裕はもうない。

「私、シャワー浴びてるからさ、その間に着替えて出ていけば大丈夫だから！」

何が大丈夫なんでしょう？　と聞き返す間もなく、令子さんは洗面所に移動してしまった。

「ねえ、ここに畳んであるタオル使ってもいいよね？」

顔だけひょっこり出して尋ねてくる。ちゃきちゃきした物言いで、完全に令子さんのペースになっている。

「あ、どうぞ」

受け身になってしまう僕も相変わらずだ。

それにしても、もう時間がない。ワイシャツを手に取り、すぐさま着替えてスーツの上着を羽織り、ささっとネクタイを締める。そのまま床に放ってあったカバンを拾い上げ、部屋をあとにした。

もう「違う場所」にいるはずの自分

あの令子さんが家にいる。2〜3日の間と言っていたけど、何があったのだろう。

当時は、令子さんたちのいる輪は、僕からすると「あっち側」だった。

生まれ持った容姿やセンスに自信があって、根っから明るくて強くて「モテる」という体験を人生のどこかでしているのが当たり前の人たち。

「あっち側」は、サークルだけでなく、アルバイトでも、教室でも、必ず存在していた。

大学に入った頃は、そこへのチケットを手に入れたような気がしていた。それまで手にしたことのないファッション雑誌を穴のあくほど読み、ショップの店員さんに話しかけられるたびに冷や汗をかきながら、身につけるものを変えてもいった。

でも、いざ、あの人たちを前にすると、付け焼き刃で固めている自分が小さく感じられ、萎縮してぎこちなくなってしまう僕がいた。

「そちらの人」の話の輪に加わっているときには、仲間になったような気がして嬉しかったけれど、目に見えない膜のようなものを通してしか交わることができない「何か」をいつも感じていた。

令子さんと再会して、あの頃の感覚が一気に蘇ってくる。

僕は変わったはずじゃなかったのか。あの日、書店の棚を前にして「成功するための秘訣」を片っ端から読破してやろうと決めた日から。はたまた、彼女が初めてできた日から。

もう、昔の自分に戻ってしまうのは絶対に嫌だ。僕は、人よりも努力するようになった。仕事でも手を抜いていないし、結果も出してきた。学校の成績はイマイチだったけれど、会社ではそこそこやれるようになってきている。

それだけじゃなく、平日・休日を問わず、いつも自分を向上させるようにしている。流されるように、イチ会社員で終わるつもりはない。10年、20年先を見据えているのだ。

——オレは、もう違う場所にいる。

令子さんだって、今の僕のことを知ったらイメージが変わるだろう。この数年の変化を知ったら、驚くだろうな。

今日は、一日中そわそわと落ち着かなかった。家に帰ってから話をするのが楽しみになってくる。

「余裕」ができたら結婚する男

「おかえりー。遅かったわね。いつもこんな時間なの？」

令子さんはまるで昔からそこにいるのが当たり前のように風景に溶け込んで、ソファーに座ってテレビを見ていた。

「大体こんなもんですね」

「そっか。たしか、SEなんだっけ。大変だねえ。あ、私、ご飯外で食べてきたから、気にしないでいいから！」

押しかけて来ているのは令子さんなのに、なぜか食事を用意していないことを「気にするな」という体で、あっけらかんと僕がフォローされてしまっている。

どうやら、彼氏と喧嘩したらしく、少しばかり懲らしめようと思って家出しているらしい。それについても、どこかに遊びにいくかのようなノリでケラケラと笑いながら話している。相変わらず自由な人だ。

「そういえば、杉村って彼女いるんだっけ？」

「いや、あの——実は……」

なんだかすごいタイミングだな。彼女と別れたばかりで「恋愛女王」の令子さんが家にいる。といっても、当分の間、誰とも付き合うことはないのだけれど。

彼女とのいきさつを話し始めると、令子さんは、最初はうんうんと頷いて聞いていたものの途中から「えっ!?」「はあ!?」と呆れたような声を出すようになり、昨日の別れを切り出した辺りに差し掛かると、もう我慢できないとばかりに口を開く。

「え!?　——それで、彼女のことをフッたの!?　信じられない」

「結婚まで待たせるわけにはいかないですし……」

「なんで？」

「30代って、20代までに蒔《ま》いた種の水やりの時期だと思ってるんです。その間、恋愛になんてかまけてられないし、将来もどうなるかわからないじゃないですか」

「恋愛する『余裕もない』のね。なっさけなーい」

おちょくるように言ってくる。

「むっ。何か引っかかる言い方ですね」

「君にはキャパがないってことよ。自分のことだけでいっぱいいっぱい」

「そうですよ。仕事だってそれなりに忙しいし、そこでも結果を出していかなきゃいけないし、休日だっていろんな勉強やって、そこでやっと差がついてくるんですよ」

僕なりに言い返すものの、令子さんは一歩も引かない。

「差って？　いったい誰との差なのかしら」

「手を抜いて生きてるヤツらとの差です。無駄なことには1秒も使えないんです」

「恋愛が無駄だってこと？」

「今は」

「〝今は〟ってどういうこと？」

令子さんは、呆れた様子だ。

「まだ、僕は好きな人を幸せにする力がないから」

「え!?　なんで君がそれを決めるのよ」

「経済的な基盤はないし、まだその準備をしてる段階ですし」

「ぷっ。ウケる。杉村って、結局自分が傷つきたくないってだけじゃないの?」

癪に障ることを言ってくる。


「違いますよ!　今の僕は、修業してる段階で、それ以外に時間を使ったらあっという間に置いていかれる。だから、彼女のためには時間は使えない。こんな状態に10年付き合わせるなんて、できないですよ」

「だから、『余裕ができたら』恋愛するってこと?」

「そうですよ!　その頃には彼女を幸せにできる実力も付いて、環境も整ってますし」

何を言われようと関係ない。むしろ僕は、どこか彼女との関係を手放してまで決断した自分を誇らしく思い、胸を張っているぐらいだ。

成功している男の陰には女性がいる

令子さんは、唖然《あぜん》とした顔で天井を見上げて頭を掻くと、大きなため息をついて、何かを覚悟したかのように言う。

「ああ！　もう！　見ちゃいられない。こんな重症だとは思いもよらなかったわ。私の後輩がこんなダサいことになってるなんて許せない。決めた！　君がまともな男になるまで鍛え直すことにする」

「え!?　ええええ。なんですかそれ。それに少ししたら、家に帰るんですよね？　彼だって心配しているんじゃ……」

「そんなこと、どうでもいいのよ！」

どん！　とテーブルを叩いて、令子さんは語気を荒らげた。

「いい？　**本当に成功している男の陰には、必ず女性がいるのよ**」

「え!?」

「君みたいに実力が付いてからとか、成功してからとか言ってないの」

どういうことなんだ？　成功する前からってことなのか。稼いでいたり、社会で活躍してるほうがモテるんじゃないのか？　モデルや女優と結婚しているのは有名アスリートや俳優、最近だとＩＴ経営者だとか、そんな人ばかりじゃないか。

それに、「必ず女性がいる」というのも納得できない。結婚していない有名人だって、たくさんいるじゃないか。

「んー……でも、成功している独身の男性もいますよね？」

「君には見えていないと思うけど、**何かを生み出したり成し遂げたりするためには、必ず女性的な存在やエネルギーが必要なのよ。**そうでなければ、仮に何かをある程度実現できたとしても人間関係が破綻したり、ボロボロになって疲弊して健康を害したりして途中で止まっているはず」

そうなのだろうか。女性と成功の関係なんて考えたことなかった。

そのとき、ふと記憶の断片が蘇る。

――そういえば、昔何かの雑誌で見たことがあるぞ。資産1億円以上の人たちにアンケートをとったところ、8割以上の人が既婚者だったとか。

そのときは、お金持ちはやっぱり男女関係にも恵まれているんだな、というぐらいの印象だった。

でも、もし逆だったとしたら？

男女関係に恵まれているから、結果的にお金持ちになったのだとしたら――。そして、その人たちは、僕の見落としている「何か」を知っているのだとしたら。

僕のなかで、これまでの前提がぐらぐら揺らいでいくのを感じる。

令子さんは、黙り込んでしまった僕のことを気にする素振りもなく続けた。

「ヒラリー・クリントンって知ってるわよね？」

「アメリカの政治家の？」

「そう。夫も政治家で元大統領のね。あるときふたりでヒラリーの故郷をドライブしていてガソリンスタンドに立ち寄ったら、そこは偶然、ヒラリーの元カレが経営していた所だったらしいのよ」

「うわ!? それって気まずくないんですか」

思わずクリントンに同情する。

「だから、クリントンは嫉妬したらしくてね、後からこう言ったのよ。『僕と結婚していなかったら、君はガソリンスタンドの店員さんだったんだね』って」

それはちょっとみっともない。

「ふふ……そしたらね、ヒラリーはこう切り返したらしいの。『私と結婚していたら、彼が大統領になっていたわよ』」

「うっわあ！ それ、すごいなあ」

なんと、ヒラリーは大統領になる男と一緒になったのではなく、自分こそが相手を大統領にしてしまう女性だと言っているのだ。ジョークだったとしても、よほど自信があるから言えるのだろう。

「杉村、女性が男性に与える影響ってとても大きいのよ。もちろん、その反対も言えるわけなんだけど。君は、自分の時間を増やせば、それで成功できると考えている。でも、『男女の力学』をちっともわかってない」

「男女の力学……」

さすが、「恋愛女王」だ。

「この世界は、女性的な性質と男性的な性質で成り立っているのよ。『女性性』『男性性』と言われているものね。そのふたつは全く異なるもので、何かを生み出したり、実現するときには、必ず両方が必要になるのよ」

そんな話、聞いたことがない。

「どちらかだけではダメということでしょうか？」

「『男性性』だけでやってる人ってね、小さくまとまって終わってしまうのよ。大抵余裕はないし、理想ばかりは大きくなってるけど、現実がちっとも追いついていないとか――今の杉村みたいにね」

「うっ……」

図星すぎて、言葉に詰まる。

「今の君は、彼女のことを邪魔だと思ってる。自分の時間を奪って、やりたいことができないとか。でもね、たったひとりすら自分の世界に入れることができないような余裕がない人が、どれだけのことをできるのかしら？」

言葉がでてこない。僕は、毎日のように何かをやっているつもりになっているけれど、結局は自分の世界に誰も入れないようにして、現実を見たくないだけなのかもしれない。

「このままじゃ、いずれ先が見えなくなるわね。理想ばかり見ているから。いつまで経っても追いつけないし、自分の限界を超えてしまって、どこかでストップがかかるでしょうね」

「でも、限界を決めてしまったら、そこで止まってしまいますよ」

「いかにも、『男性性』の感覚ね。でも違うわね。**先が見えなくなるのは、『誰のために』がないからよ。**君は、『男性性』の本当の素晴らしさをまだ知らない。誰かの幸せのためだったら、限界なんて簡単に超えられるようになるってことがわかってない」

薄々感じていることをずばりと指摘されてしまう。

僕は、まだその「誰」をハッキリさせたくない。今固めてしまうと、そこで止まってしまうような気がする。

同時に、決めてしまうことに「怖い」という感覚も湧いてくる。

「今の君は、頭の中で描いている理想に酔っているだけ。でも、そんなものは妄想とほとんど変わらないの。本当は、この『現実』を理想にしたいんじゃないの？　そして、その『理想の世界』にいるのは、ひとりではないはず。必ず誰かが存在しているはずなのよ」

僕は「成功してから」一緒になる人を選ぼうとしていた。でも、令子さんの話を聞いていて、それはものすごい遠くにある漠然とした想像のなかだけの世界のような気がしてくる。

「**その理想の世界に先に入れるのよ。具体的な誰かを。**その誰かの笑顔を中心に描いていくの。そうしたら、一気に実感できるイメージを描けるんだから」

「でも、でも、僕はそれが怖いんです。もし、それが単なる思い込みだとしたら、誰かを期待させてしまったら――」

勇気を振り絞って、令子さんに心の声を打ち明ける。

「まあ、今の君ではそうでしょうね。自分を信じる力が弱いから。自分のなかにある『男性性』のことだって見くびっているから」

「……」

「ま……いいわ！　今日から、付きっきりでビシバシ鍛えてあげることにしたから。杉村、この私がここまで気が向くのってラッキーよ。まあ、私の貴重な時間を使う以上は、そこら辺の『いい男』なんて比較にならない最高レベルの男になってもらいますからね」

これまで頑張ってきたことが見当違いだったような気がしてきて、どこか呆然としながら令子さんの言葉が流れていく。

でも、身体の奥からこれまでにない不思議な感覚も湧いてくる。

これが、「恋愛女王」令子さんなのだろうか？　いや、もしかしたら恋愛よりももっとはるかに大きな話をしているのではないか。

これから何かが始まろうとしているのでは——そんな予感がした。

work

相手の心を開く「相手に意識を向けるワーク」

★ 話をしているとき、言葉以上に相手の存在へ意識を向けましょう。

★ 「答え」を返すことではなく、「気持ち」に寄り添うように話を進めてみてください。

Onepoint Lesson

令子さんのワンポイントレッスン ①

男性は、目的が決まると一直線に突き進む

男性性の魅力は、目的が決まるとそこへ向かってフォーカスできるところ。でもね、その目的以外は目に入らなくなるところがあって、たとえ恋人や家族であっても、自分の時間を奪ってしまう感覚になっている男性も多いのよ。女性は、男性が仕事に集中しているとき、放っておかれたような気持ちになりがちだけど、そういうときこそ、男性は「自分を信じてついてきてほしい」と思っているの。

女性の「幸せになりたい」という気持ちを大切にすることが鍵

女性性には、「幸せになりたい」という性質が基本にあるの。それも、将来幸せになるかどうかではなく、今幸せかどうか。だから、今この瞬間、幸せかどうかについては、女性のほうが敏感なのよ。

男性が目的のために自分を犠牲にしてボロボロになっていると、女性は

「私のことなんてどうでもいいのね。別れてやる！」などといきなりキレ出したりするけれど、それは本能からくる「幸せのセンサー」に触れたから。「今の幸せ」が脅かされると、女性はそれを敏感に察知してサインを送っているの。

つまり、女性がキレる本当のところは、「あなたが目的に気を取られすぎているから、どうか戻ってきてほしい」ということなのよ。

成功の中心に「彼女の幸せ」を置く

男性が一番力を発揮できるようになるのは、「誰のために」が見えたとき。そして、成功イメージの真ん中に「彼女の幸せ」を置いたときに、仕事も人間関係も一気に安定するようになるの。

だから、男性は女性の言動をサインと捉え、「ああ、オレは目の前の大切な人のことを忘れてた」と正気に戻れたら、自分を見失うことなく男性としての器も大きくなっていくのよ。

「女性の気分」は男にとって謎だらけ

昨日の話は衝撃的だった。会社に出勤してからも、令子さんの話が頭から離れない。僕は、成功したり力がついたりしてから恋愛や結婚を考えようとしていた。けれども、順番が逆らしい。

実は、彼女の前に付き合っていた女性も、やっぱり結婚がちらつくようになって以降、約束できないからと別れることになった。今のところ、まだ何かを成し遂げているわけではないけれど、このまま終わるつもりもない。

でも、先に誰かの幸せを考えなきゃいけないというのであれば、考え方を変えたほうがいいのかもしれない。

パソコンを起動すると「ブーン」という音と共に画面が立ち上がった。その様子を眺めながら、さまざまな想いが頭の中に現れては消えていく。

そのとき、トントンと肩を叩かれた。振り向くと、後輩の滝田華がいる。少し困った顔をしているが、演出くさい。また、どうでもいい話なんだろうな。こういう表情をしているときは、課長の悪口とか社内の誰かがトラブルを起こしたとか、そんな類の噂話に付き合わされることになる。

やれやれと思った瞬間――令子さんの顔が浮かんだ。

そういえば、僕はいつも人を入れないようにして自分の世界をつくってきたけれど、女性のことを気にかけたり考えたりすることなんてなかったぞ。少し耳を傾けてみるとするか。

「どうしたの？」

「あの……杉村さん、昨日笹川部長が酔っ払って、大変だったんですよ」

なんだ、飲み会の話か。部長が酒癖悪いなんて、いつもの話じゃないか。それにそんなこと言って、部長の前では楽しそうにわざとらしく笑ってたんだろう。そもそも滝田華は、僕に話してどうしたいんだろう。

「……で？」

「いや、特にどうということでは……。杉村さんって、本当に人に興味ないんですね」

なぜそんな言い方をされないといけないんだ。僕は話を聞いてやってるし、勤務中に関係ないことを振ってきたのはそっちだろう。

「その話、仕事に関係あるの？」

思わず、憎まれ口がでてしまう。

「ああ、面白くなーい。杉村さんに話した私がバカでした。もうちょっとコミュニケーション能力を身につけないと、出世できませんよーだ」

滝田華は、捨て台詞を吐きながら自分の席に戻っていった。

一方的に話しかけてきておいて、「コミュニケーション能力がない」、さらには「出世できない」とまで言われる筋合いはない。

その日は、資料のチェックをお願いしようにも終始不機嫌。勘弁してくれ。仕事なんだから、気持ちの切り替えはしてほしいものだ。女の気分に振り回されるのは、もううんざりだ。必要以上に疲れを抱えながら、帰宅の途についた。

女性性は信頼で開く

「おかえりー……あら、なんだか顔が暗いわね。何かあったの？　ほらほら、そんなとこに突っ立ってないでさ、こっち来て座りなよ。お姉さんが話を聞いてあげよう」

令子さんのざっくばらんなキャラクターは変わらない。まるで僕が部屋へ招かれたかのような雰囲気になっている。

「ええと、今日会社で、朝からですね……」

僕は滝田華との会話を思い出しながら、今日あったことを話した。

「……というわけで、仕事と関係ない話をされてこっちは一応聞いていたのに、『コミュニケーション能力がない』だの『出世できない』だの、そんな言い方ないんじゃありません？　しかも、その後もずっと態度がひどすぎるし」

令子さんは足を組み、右拳に顎を乗せて部下から失敗の報告を受ける上司のような面持ちで、ときおり「あちゃー」「やっちゃった」とつぶやいている。

やれやれと大げさに首を振ってから突然立ち上がり、両手を広げて演説か講義でもするかのようなジェスチャーをしながら話し始めた。

「それは杉村、女性の気持ちがわかってないわー」

「女性の気持ちも何も、仕事は仕事でしょ。そこは分けてくれないと」

とむきになって言うと、

「この先、そんなことでやっていけるの？　この世の半分は女なのよ」

と令子さんは呆れた様子だ。

「またその話ですか!?　女とか男とか、そんなの関係ないでしょう！」

「それが関係あるんだな。大アリなの。『女性的な性質』と『男性的な性質』は全く違うんだからね」

恋愛だったらまだわかるけど、仕事にまで持ち込まないでほしい。それに男女で区別するなんて、男女差別になるんじゃないのかな。

「あ、今女と男で差別しちゃいけないとか思ったでしょ。でもね、よく考えてみて。**『女性性』と『男性性』って、人間として備わっている性質なのよ。どれだけ社会が発展しても、私たちの中身まで変わってしまうわけではないでしょう。違いがあるのに、全員を全く同じように扱うことが平等なのかしら？**」

そう言われると、たしかに一理あるのかもしれない。僕は、仕事というのはひとりひとりが自分で結果を出しさえすれば、全部が回ると思っていた。でも、会社だって人間の集まりだし、そうであるならば、そこを無視して進めていくなんて不自然なことじゃないのかということに、今更気づく。

もし「女性性」「男性性」というものが僕たちに備わっているのであれば、わかっておいたほうがいろいろとスムーズに進めやすくなるのかもしれない。

「それでね、今日、会社で女の子に話しかけられたときの対応からね。あれは最悪ね」

「どの辺りがですか？」

「君は彼女のことを受け止めずに、聞き流したのよね」

「そうしました。まずかったですかね？」

仕事と関係のない話をされたのだから、聞き流して当然だろう。

「**女性性はね、まず受け止めてもらうことが大きいのよ。**そうしたら、だんだん心が開いていくのよ。君がそっけなくしたから、彼女は閉じてしまったの」

「それでブスッとして一日中不機嫌だったんですか？　なんだか納得いかないなあ」

令子さんは鋭い視線を向けてくる。

「杉村、**これって今日に始まった話じゃないでしょう？**　今までずっと彼女にそんな態度で接してきたんじゃないの？　**その子が不機嫌だったというのは、きっとこれまでの積み重ねがあって、君への信頼が弱くなっているからじゃないのかな**」

そういえば、滝田華が配属当初はもう少し打ち解けて話すこともあった。ある時期から会話が噛み合わなくなってきたり、軽く嫌味を言われるようになったりして、こいつは親しくなると性格の悪さがでるんだな、と思っていたんだけど……。

「心当たりがあるのね。それにこれは本能的なものなのよ。理屈じゃないの。**彼女**

の女性性にとっては、君は『警戒対象』になってしまったのよ」

「警戒対象？」

「女性性にとって、安心できるかどうかはとても大切なことなの。否定されたり拒絶されたり、変に思われそうだなと感じたら、不安になって心を閉ざしてしまうのよ」

え!? 滝田華が不安にだって。むしろ強気で、こっちに対して軽く攻撃的なところもあるくらいなのに。

「不安って、どういうことでしょう？ 僕にはそのようには見えないんですけど」

「そのまま不安になっている気持ちなんて、見せてくれるはずはないわね。女性性の感覚からすると、心のなかをそのまま見られてしまうほど怖いことなんてないんだから」

あの適当な会話ばかりしている滝田華にも怖いと感じることがあるなんて、思ったことがなかった。

つまり、女性の本音ってわかりづらいってことなのか？ 表で見せている態度とは違うってこと？

「人の心ってとても傷つきやすいのよ。私たちが自分で思っている以上に繊細なの。特に女性性って気持ちや感情に影響を受けやすいところがあるから、オープンで無防備な状態になれるかどうか、安全な環境かどうかをいつもどこかで確認しているところがあるの。そして緊張しているところもあるから、本音を出せる場所ではホッとするのよ」

「だから安心なんですね」

令子さんはやっとわかってきたか、という顔をしながら続けた。

「もし誰にも言えないような気持ちを打ち明けたのに、相手の器が小さかったりして拒否されたり雑に扱われたりしたら、ガッカリするじゃない。極端に言うとね、**自分がどんな姿を見せても、何を言ってもこの人は受け止めてくれるって感じれば感じるほど、女性性というものは気持ちが楽になっていくのよ**」

「んーと、『受け止める』っていうのは、相手が何を言ったとしても反発しないってことですか？」

「少し違うわね。**君がぶれないということが大きいのよ**」

ぶれない、の意味がよくわからない。

「僕がぶれないっていうことが受け止めるっていうことですか？」

「ぶれないというのも『男性性』の特徴のひとつね。何を言われても、動じない。取り乱さない。落ち着いてくれているって安心できそうな感じがしない？」

どんなことを言われても落ち着いているって、難しいな。この前別れたばかりの彼女もそうだったし、その前に付き合った子も、キレたら手がつけられなかったよな。嵐のようになった彼女たちの声や表情が浮かぶ。

「それって、どんなひどいことを言われても動じないってことですか。無茶苦茶なことを言われて、かなり理不尽だったとしても？　そんな状況でも落ち着いてなきゃダメなんですか？」

「**そもそも、そこまで不平不満がでてくる場合には、相当に溜め込んでいるのね。そのときに始まったことではないわね。女性性は溜め込むところがあるの。**最初のうちは、言いたいことも相手に気を使って出さなかったり。そのうちに、モヤモヤしてきて、イライラしてくるの。そこでも抑えていたら、爆発寸前までいってしまうのよ」

付き合った彼女たちは不満を溜め込んでいたということなのか。

「ということは、そうなったら、もう理由はなんでもいいってことですか……？」

「その通りよ！　だから**そうなる前にこまめに受け止めることが大切なのよ**」

なんということだ。僕は、これまで何度も女性のヒステリーに頭を悩ませることがあった。そうなっている時点で手遅れだったということなのか……。

「女性性の特徴のひとつはね、揺れ動いているということなの。だから、そのときの気持ちの流れに乗ってしまうところがあるの。感情が昂《たか》ぶったらそのまま口にしてしまったりね。でも、やっぱり不安なのよ。そして、自分が感情の波に呑み込まれたとしても、相手には動じないでほしいと心のどこかで願っているのよ」

あー、女性の気持ちは複雑だ。

男性性の「器」は女性とのかかわり方で変わる

「なんとなくはわかってはきたんですけど、キツく当たられてるときに動じないって、難しいですよ」

「ふふ……、『男性性』ならではの受け取り方ね。責められてると思ってたでしょ？」

思っていた。「あなたはいつもやってくれない」「いつだって私の話を聞いてくれない」。そんなことばかりまくしたてられてきた。

「あのね、**『女性性』の感覚では『言葉』や『態度』ってそれほど意味はないのよ**」

「どういうことですか？」

「『女性性』は、気持ちに『言葉』を乗せていくの。口に出していることは、説明**したいことそのままではなく、その場で思いついたことだったりするのよ。辛辣《しんらつ》な**

言葉の場合には、それだけ怒っていたり、悲しいと感じているということなの。気持ちにフィットした言葉や態度で表すことが大切だったりするの。今、この瞬間に感じていることが全てなの。『今』そうだったら、『いつも』なのよ」

すごい苦手だ。伝えたいことがあったら教えてほしいし、それだったらどうすればいいかわかる。でも、汲み取ってほしいというのは無理なんじゃないのか。だって、気持ちなんて本人にしかわからないものだし。

「あらー、ずっしーんと沈んじゃったわね。でも、少しだけ視点を変えてみて。言っている言葉そのものにそこまで意味はないということは、理解する必要はないってことなのよ。極端に言うとね、中身は聞き流してもいいのよ」

ますますわからなくなってきた。

「でも、それって無視しろってことじゃないですか。話を聞かないってことですよね」

「**女性性の感覚ではね、『聞いてもらっている』っていうのは、いてくれて気持ちを受け止めてもらっているってことなの。**話の内容を理解して分析して、結論を出すということではないのよ」

そうだったのか。僕はこれまで相手が何を言っていて、それについて「答え」を返すことがちゃんと話を聞くということだと思っていた。

「**女性からすると、君たち男性のアドバイスや解決策なんてただ鬱陶《うっとう》しいだけ。**むしろ、黙って頷いて、共感してくれて、気持ちを受け取ってくれるだけでいいのよ」

結論のない会話って苦手だなあ。いつになったら終わるかわからないし、先が見えないのも嫌だし、中身のない話が延々と繰り返されるとストレスを感じる。

「君がそう思っているように、『男性性』は目的がいつも欲しいのよ。なんでもない会話ひとつとってもね。でも**『女性性』には目的なんていらないの。むしろ一体感を味わうことのほうが、はるかに大きいんだから**」

なんとなく、恋愛しているときに感じるイライラの原因がわかってきた。僕にとって、意味のない時間を過ごしていることは将来に繋がらない感覚になっていたのだけど、彼女たちにとっては一緒に過ごすということに意味があったんだ。

でも――。

「やっぱり、僕にはしばらく恋愛はできないですね。今は、これからのために時間を使いたいから、彼女たちの気持ちに寄り添う余裕なんてないですし……」

これが、僕の信念だ。

「ふっ……だから、杉村はちっちゃいまんまなのよ。小さい、小さい、おちょこのような器しか育たないのよ」

「……」

おちょくられてムカつきながらも、図星すぎて何も言い返せない。

「あら、ムッとしたかしら。まあ、おちょこだからねー。でもね、君にとって意味のないと感じる**女性と一緒に過ごす時間が、むしろ将来大きな目標を達成することに繋がってるとしたら、どうかしら？**」

「え？　どういうことですか？」

令子さんの話は、いつも唐突だ。

「女性的な感覚で進むコミュニケーションって、とりとめがないと感じるじゃない。どんな結論になるか見えないからなのね。でも、**それを受け止め続けるってこ**

とは、それだけ君の器は大きくなっていくの。それから、人生なんて、予想がつかないことばかりじゃないかしら？　先が見えていること、将来がわかっていることだけしかできないって、その程度の存在で終わりたいのならこの話は別だけどね」

たしかに、予想で収まる範囲でしか生きられないなんて、嫌だ。

「それにね、**受け止め続けると、その女性とはビックリするぐらい普段の会話がスムーズになって、結果的には、そこに取られる時間も少なくなっていくのよ**」

「そうなんですか？　僕、てっきり、毎回、何時間も何時間も、ずっと話を延々と聞かなきゃいけないと思っていました」

「**『女性性』にとってはね、話の『結論』ってまとまることではないの。気持ちが軽くなったとかなのね。溜め込んだものをスッキリさせたいのよ。**だから、君が普段から受け止めている相手の場合にはね、それほど溜め込んでないから大ごとにならないし、小さなことを少し吐き出すだけで済むようになるのよ」

たしかにその感覚はわかる。

「そっか！　『こまめに受け止める』って、そういうことだったんですね」

「それにね、これを繰り返していると、君に対する相手の信頼が生まれるの。**君に**

受け止めてくれる器があるとわかると、最初から開いてくれるようになるのよ」

「女の人が心を開くって、そういうことだったんですね。これまで考えたこともなかったですよ」

「だから、これを続けていくとどんどん普段の会話もスムーズになるのよ。まあ、これは初歩の初歩。基本中の基本なんだけどね。んーと、そうね……」

と言うと、令子さんは腕を組んで何か考えを巡らせるような素振りをした後、こう切り出した。

「あのね、杉村、面白いことを教えてあげる。さっき話に出てた会社の女の子、その子に魔法をかけることができちゃうのよ」

「魔法？」

「そう。これをやってるだけでね、みるみるうちに反応が変わっていくから」

滝田華の反応が変わる……？　なんだろう。

「彼女と話しているときに、自分の胸のあたりに器をイメージしてみて。それから、話を聞きながらどんどんサイズを大きくしていくの」

「器を胸のあたりに思い浮かべて、大きくする。それだけですか?」

「まあ、やってみなって。びっくりするぐらい変わるから」

令子さんは微笑むと、話はもう終わったからといわんばかりにテレビをまた眺め始めた。

work

コミュニケーション力がアップする「器を広げるワーク」

★胸のあたりにおちょこくらいの器をイメージします。

★相手と会話をしながら、器のサイズを、おちょこ↓お茶碗↓どんぶり↓洗面器↓バケツとどんどん広げ、コミュニケーションをとっていきます。

Onepoint Lesson

令子さんのワンポイントレッスン 2

男性の器は「受け止める」たびに拡大する

男性性は、受け止める器をどこまでも大きくすることができるの。でも、それは愛する存在ができたときに可能になるのね。それまでの器はとても小さくて、ちょっとしたことでブレたり、パニックになったり、拒絶したりしてしまうのだけど、愛する存在ができることで、そのままだと受け止めきれなくなり、一度壊されて大きな器になるよう再生されていくの。男性は愛する存在を得ることで、人間的にも成長していくものなのよ。

女性は「揺らぎたい」気持ちを大切にしてもらえると、安心する

女性性の性質は、揺れ動いているの。そして気まぐれ。昨日はあれをしたかったけれど、今日はもう違う。今日はあれが好きだったけれど、明日は嫌いになっているという風に、振れ幅が大きいのよ。「こうだと思っていた」ことが、次の瞬間にはもう変化している。

そして、多くの女性が無意識のうちに、そんな自分を抑えてしまってるところがあるの。どこかでそんな風にやったらワガママだと思われてしまうかも、嫌われてしまうかもと不安を感じているから。だから、揺れ動く気持ちを受け止めてもらうと安心するのが女性なの。

女性を受け止める器を持つと、男性に余裕が生み出される

女性は揺れ動く性質ゆえに、ときには感情的になって、激しい気持ちをぶつけてしまうけど、心の奥では「こんなことをしたら彼は離れていってしまうかな」って不安に感じているの。だからその気持ちを感じてほしいのよ。「揺れ動いても変わらずに愛してくれている」ことがわかると、安心してその相手をもっと好きになれるの。これが「受け止める」ということ。

そして、そんな彼女を受け止め続けたとき、その男性の器はどんどん大きくなって、どんな状況でも受け止められるだけの器に育っていくの。だって、女性の激しさ以上に大きな嵐ってないでしょう（笑）。

「器」を広げるだけで、反応が変わる!?

今日は会社に向かいながら、さらにはそのまま職場に入ってからも、胸のあたりに器を思い浮かべて、大きくしていくイメージを何度も繰り返した。

意を決して、滝田華の席に向かう。昨日の彼女の不機嫌な表情やとげとげしい声が頭の中で蘇り、背中に緊張が走る。

僕は、令子さんとの会話を繰り返し思い出して「器」「受け止める」「ブレない」と何度も心のなかで呟きながら、近づいていく。

そして、深くひと呼吸してから、話しかけた。

「滝田さん、あのね……」

「なんですかー？　杉村センパイ。仕事と関係がある話ですか？」

ツーンとした態度が返ってくる。こりゃ、かなり閉ざしてるな。「言葉」や「態度」は気にしない気にしない。心のなかで呪文のように繰り返す。

「いや、あのさ、昨日は悪かったと思ってさ」

「なんのことですかあ、私、今日は忙しいんで」

こちらを向いていないのに、すごい圧を感じる。受け止めろといわれても、こんなプレッシャーどうすりゃいいんだよ。ええと、器をイメージ。それから——大きく。

「うん。笹川部長のこと、何かを繰り返してたじゃない？　もしかして、何かあったのかなーって」

おや、自分でも思わぬ言葉がでてきた。いつもだったら、こんなときには呑まれてしまって何もでてこないのに。

滝田華は一瞬表情を変え、少し考え込んでひとり言のようにつぶやく。

「ああ、一昨日、飲み会で笹川部長が杉村さんのこと、気にしてたんですよね」

え!?　笹川部長が——なんだろう。ザワザワする。動じない動じない。器を大きく大きく。すると、なんだか余裕がでてくる。

「そうだったのか。かなりキツかったの？」

滝田華は作業をしている手を止めて、こちらを向いた。

「そこまでじゃなかったですよ。半分ぐらい冗談で、なんでアイツは飲みの誘いに来ないんだって」

自分がいないところで話題にされているのは、いい気はしない。思わず、口から悪態がでそうになる。でも、今は一旦、器を大きく。

「そうか……滝田さん、ありがとうね。次は、僕も飲み会に出てみようかな」

その瞬間、滝田華の表情がぱっと明るくなった。

「え!?　本当ですか、杉村さんもいたらよかったのにと思ってたんですよ」

予想外の反応。さっきまでと打って変わって、明るい表情。

「そうだったのか。ほら、僕、お酒飲めないからさ」

「大丈夫、大丈夫！　杉村さんが飲めないってみんな知ってますって！　なんなら、私がフォローしますから」

いきなりの変化に戸惑う。「受け止める」ってだけで、こんなことになるのか。

僕は器を広げながら続ける。

「それは嬉しいなー。助かるよ。それで、笹川部長、他に何か言ってたの？」

「ええー……うんと、何かあったかな――もう、どうでもよくなっちゃいました！　大したことはなかったと思います。ありがとうございます」

滝田華はそのまま鼻歌を歌いながら、作業に戻った。たった数分前とは流れている空気が全く違う。

昨日からの態度を見て、かなり時間がかかることは覚悟していた。下手したら、険悪なムードのままだろうということも想定していた。

僕は、器をイメージして大きくしながら話をしただけだ。

令子さんの会話が蘇る。

――『女性性』にとってはね、話の『結論』って、まとまることではないの。気持ちが軽くなったとかなのね。溜め込んだものをスッキリさせたいのよ――

そうか、こういうことだったんだ。彼女の何がどうスッキリしたかまではわからないけれど、たった数分であそこまで機嫌がよくなるなんて。

これまで、女性が不機嫌になったときにどうすればいいかわからなくなって戸惑ったり、避けてきたけれど、これからはもう大丈夫だぞ、という気がしてくる。

女性の先輩からのお誘いにどう対応するか？

ウキウキとした気持ちで席に戻ろうと移動していたところ、「杉村くん、ちょっといい？」と呼び止められた。

営業の片岡よしこ先輩だ。

シャンプーなのか香水なのか、ほんのりといい香りが漂っている。仕事もオシャレもそこそこ上手に楽しんでいるという雰囲気が、僕にはどうも少し気後れしてしまう。

片岡さんは、くるんと整った睫毛《まつげ》の奥に、一瞬悪戯《いたずら》っぽい笑みを浮かべる。

「今日、何時頃に帰れるの？」

なんの用事だろう？　エンジニアの僕と営業の片岡先輩とは、忘年会ぐらいしか接点はない。

「え……ええと、なんでしょうか？」

「ん。たまには、杉村くんと飲んでみようかと思ってさ」

片岡先輩からお誘いの声がかかった。一瞬身体に熱いものがこみあげるが、悟られないように、顔の表情は普通の会話をしている風を装い、冷静に切り返す。

「んーと、19時30分なら、なんとか」

「そっか、わかった。じゃ、後でメッセージするね」

どうしよう。女性から誘われるなんて初めてだ。

めったにないことが起きて、盛り上がる気持ちと、抑えようとする自分。ここで欲望に流されてはいけない。だいたい、僕にはまだ女性と付き合うとかそんなことはありえない。

片岡先輩と、あんな会話が交わされるんじゃないかな、もしかしたら、こんな展開になるかも……など様々な妄想が浮かび、振り払おうとするものの、ぐるぐる回ってほとんど上の空のまま時間が過ぎていく。

——杉村くん、終わったら、お店に直接来て。

ここだから。

イタリアン トラットリア　RISO DELIZIOSO

https://riso-delizioso.com/access/ ――

グルメアプリで指定されたお店に到着すると、片岡先輩と、その隣でスマホを眺めて座っている女性が目に入る。山口みゆき先輩だ。片岡先輩と連れ立ってランチに行くのをよく見かける。ふたりが歩いていると、殺風景な職場がそこだけ華やかになる。

ふたりきりではないことに一瞬だけ気落ちするものの、女性ふたりと食事をするなんて、まずないこのシチュエーションに舞い上がっている自分もいる。

「あ、来た来た。こっちこっち！」

片岡先輩が軽く手を振り、招き入れるように手前の椅子に座るよう促す。

年上の女性に囲まれている状況で、どのように振る舞えばいいのだろう。

山口先輩が、メニューを差し出しながらぽんぽんと言葉を繋いでいく。

「今日は、杉村くんと話してみたいなーと思って誘ってみました。何飲む？　あ、そっか、飲めないんだっけ……ソフトドリンクだったら、ここから選べるから」

烏龍茶を指で指すと、「あ、それね」と山口先輩は言い、くるっと後ろを振り返ると「すみませーん！」と店員を呼ぶ。

「料理はもう頼んであるからさ、食べたいものがあったら注文してね」

「ありがとうございます。それで大丈夫です」

「遠慮しなくていいからね」

そうしているうちにドリンクも揃い、改めて乾杯をする。

ふたりの先輩は、僕にお構いなしにガンガン飲んでいる。会話も仕事のことや職場の人間関係に始まり、そのうちにプライベートの話になっていく。

ほんのり頬を染めた山口先輩が、ふと、こちらに視線をじーっと向ける。

「杉村くんって、いっつも真っ直ぐ帰ってるようなんだけど、家で何してんの？」

「何してるって言われても……」

「ほら、杉村くんってさ、飲み会にもあまり来ないし、遊んでそうな雰囲気もないし、どんな生活してるのかなーって思ってさ。彼女とかって、いるんだっけ？」

もともと思ったことを口に出してしまうタイプの先輩だが、アルコールも手伝ってか遠慮がない。

「いや、今はいないですし、当分いらないです」

「何それー。酒も飲まない。女もいない。ギャンブルもしない。それで人生楽しいの？」

ずけずけと言われて少しだけカチンとくる。

何がいけないんだ。そんなことに時間を費やしているぐらいなら、本の一冊でも読んだほうがはるかにマシだ。僕は「将来のため」に時間を使うって、もう決めてるんだ。

「それのどこが悪いんですか？」

「あ、ごめん、ごめん。バカにしてるわけではないのよ。ほら、よしこのほうからも何か言ってよ」

さすがに言い過ぎたと思ったのか、きまり悪そうに片岡先輩に促す。

「んっとね。杉村くんまだ若いでしょ？　真面目なのはいいんだけど、ちょっとぐらいハメ外したほうがいいと思うのよ。出家でもする気なの？　先輩としてはすこーし心配になっちゃうのよ。もう少し遊んだほうがいいんじゃないのかなーって思ってさ」

「ぷっ。ちょっと、ちょっと、よしこ、ぜんぜんフォローになってないわよ。出家って、全くねえ、杉村くん、坊主似合いそうだけどさ。あ、冗談よ」

このふたり、酔うといつもこんな感じなのか。ほんのりとあった淡い期待も、もうどこか遠くに感じて、どうでもよくなってくる。この人たちから見たら、僕って男としては眼中にないのかな。盛り上がっている両名に相槌を打っているだけの時間が、ただ過ぎていく。

期待への落差からの消沈と気疲ればかりを感じながら、僕は帰路についた。

男の色気は「ここから」でてくる

「杉村はさ、『男の色気』を少し意識してもいいかもね」

家に帰るなり今日あったことを報告したところ、しばらく聞いていた令子さんにそう返された。

男の色気――。僕からもっとも遠そうな要素だ。ここでもさらに追い打ちをかけられた気分になる。

「せっかく、大人の女性が君にそれを教えてくれようとしたのに。ふたりとの会話にはヒントがたくさん詰まっていたじゃない」

何を言いたいのかわからずイライラしてくる。先輩たちに囲まれたときのモヤモヤした気持ちが蘇ってくる。寄ってたかって嫌味を言わなくてもいいじゃないか。

「うーん……。色気ってよくわからないです。別に、必要だと思わないし」

「あのね。色気に人は動かされるのよ。人を惹きつけるのはそこなのよ。それは、女性でも男性でも同じ」

惹きつけるというのは、なんとなくはわかる。でも、**人を動かすのも色気？**

「色気なんて、今まで考えたこともなかったですよ」

「あら、色気なんて関係ないという態度ね。今日だって、いつも行かない飲みのお誘いに乗ったのはなぜ？」

「いや、あれは会社の先輩に――」

言いかけて、言葉に詰まり口ごもってしまう。どう弁解しても、見え透いていて恥ずかしい。

「私たち人間は進化して文明も発達したけれど、本能だって残っている〝生き物〟なのよ。私たちの原始的なところで反応しているものがあるのよ。人を動かすのが上手い人って無意識のうちにそこを使っているの。それから、杉村ってそうやって女性に魅力を感じてるとか、惹かれてるってこと、隠そうとするところがあるでしょう。どうしてなのかな？」

直球の言葉にたじろぎながらも、「なんだか恥ずかしいんです」と答えた。

「ふふ。**男の人の色気ってね『素直さ』から出てくるのよ**」

「えっ、素直さ!?」

思わぬ言葉に思考が止まる。「色気」と「素直さ」が繋がらない。

「素直さって、**無防備な姿を晒《さら》してくれるってこと。鎧を着けて自分を隠している人なんてね、余裕のない小さな男にしか映らないのよ。だから、思いっきりがむしゃらな姿とか、砕けて落ち込んでいる姿とかも魅力的だし、そこから立ち上がってまた向かっていく姿だってね。**全力で生きている男性には、色気が漂ってくるのよ」

「カッコつけないってことですか?」

「君たちが考える『カッコよく』なんていうのはね、だいたいピントがズレてるのよ。自信満々に振る舞おうとか、面白い会話をしようとか、すごい実績があるとか、知識が豊富とかってね」

「結局、そういう男が場を持っていくじゃないですか」

これまで、女性に積極的に話しかける男性にコンプレックスを感じてきた。何度端っこに追いやられてしまったことか。面白い話ができて、楽しい遊びを知っていて、退屈させない男たち。話している彼女たちは、嬉しそうに笑っている。

「会話が盛り上がっているから惹かれている、とは限らないわ。場をしらけさせないように合わせていることだってあるし、むしろ『オレが』『オレが』って主張している人には、内心引いてしまう子のほうが多いのよ」

「ずっと僕、女性を前に堂々として、リードできて、能力があって、強気な男性がモテると思っていました」

「君は、強さをアピールするのがいいと思っているみたいだけど、逆よ。むしろ、**弱さを曝《さら》け出されるときに、キュンとする女性は多いのよ。その姿を『強さ』だと、どこかで感じたりもするのよ**」

弱さを女性に見せるなんて、恥ずかしいことだと思ってきた。でも、女性はその弱さに魅力を感じるということなのだろうか？

「無防備が強さ……ということでしょうか？」

「ありのままを晒せない人って、どこか自信がなさそうじゃない。傷つくのが怖いってことでしょ。それはもったいないのよね。**傷だらけになればなるほど男性って色気がアップしていくんだから**」

「え!? 傷が色気……そうなんですか？」

全くの新しい発想に、一瞬めまいを感じる。

「傷というのはチャレンジした証。傷跡だって、そこから回復して乗り越えたという証でしょ」

「少年漫画でそういうキャラ、よく出てきます」

「漫画って一番シンプルに表現されてるからね。そして、**傷ついた主人公って前よりパワーアップしていない？**」

「してます！　してます！」

「**それが生命力を感じさせるの。色気の本質って生命力なのよ。**男の子向けの漫画でも、ゲームでも、極限までの命懸けの挑戦を主人公は乗り越えていくじゃない。これは男性性の本能だからよ。君が夢中になって何かを得ようとしているとき、周りはなんらかの形で魅力を感じているのよ」

僕は、実績をつくって、自分がいかにできる人間なのか、アピールしようと頑張ってきたところがあった。

それよりも、未熟でも失敗したとしても本気で向かうということが大切なのかもしれない。

挑戦することで、男性性の成長は促される

「夢中ってことはね、他人の目を気にしてないってこと。自分はどう見えるかってことなんてどこ吹く風ってことよ。そのためには、君が純粋に求めていることに打ち込むことが大切なのよ」

子供の頃、僕は欲しいものを得たいのであれば「いい成績をとってから」、やりたいことをしたいのなら「勉強をしてから」と言われてきた。だからなのか、ただ自分がやりたいことや好きなことをやるということには、引け目や罪悪感を抱いているところがある。

今でも、自分がしたいことを最優先でやろうとすると、やましいことをするような気持ちがどこかで浮かんでしまう。

「顔色を窺っている男には、色気は宿らないわね。自分を閉ざして小さな世界に閉

じこもっているのであれば、どれだけそこで頑張ったところでたかが知れてるの。**全力で無邪気に楽しんでいる男性には、エネルギーが満ちて、パワフルさと人を惹きつける魅力がでてくるのよ。**これはなんでもいいの。遊びでも、趣味でもね」

なるほど、アスリートでも、ミュージシャンでも、思いっきりエネルギッシュに全身全霊で打ち込んでいる男性は、男の僕でもセクシーさを感じることがある。

遊びでも、思う存分全開でやっている男性には惹かれることがある。

プライベートで何をしているのかを聞かれた片岡先輩たちとの会話が「ヒント」だというのは、そういうことだったのか。

「そうやって、無我夢中なときってね、ハートも開いてるの。オープンなの。**女性にはね、何かと繋がっていたいとか、一体感を味わいたいという気持ちがどこかにあるものだから、そこに惹かれたりもするのよ**」

繋がっていたい──。ついこの前別れた彼女も、その前の彼女も「連絡がもっとほしい」とか、「会う時間をつくってほしい」って言ってたな。だんだんしんどくなってきたけれど。

「同時にね、女性性からすると、拒絶されることは恐怖でもあるの。『繋がりたい』『拒絶されたくない』という両方を抱えているのよ。だから来てほしいし、さらには自分が選択権を持ちたいところがあるの。なんでもかんでも繋がりたいというわけでもないからね」

「自分からは行かないのに、断る権利は欲しいってことですか。ワガママだなあ」

「でも、好きな女性を素直に求めることってね、君の男性性も磨かれるのよ。**狙った獲物を得たいという本能も刺激するし、挑戦することが男性性を成長させるの。実際にそれを得ても得なくてもいいの。その経験が大きいのよ**」

これって、女性との関係だけじゃなくて、人生全般で同じようなことが言えそうだ。

今まで、「将来の準備」のために勉強したり、情報を集めようとしているところが僕にはあった。でも、具体的な行動をしているかというと、ほとんどしていない。その前に安全を確保しておこうという意識のほうが大きい。挑戦して失敗しないように、リスクを回避するようなことばかりしていたのだ。

それよりも、仕事でも遊びでも「欲しいもの」に直接、具体的に向かったほうがはるかに成長しそうな気がしてくる。

「僕、口ばかりで行動してこなかったような気がします。もっともっとストレートに行かないとダメですね」

「ま、そんな大げさに捉えなくてもいいのよ。何かに惹かれたらまずはその気持ちを受け止めて、素直になればいいんだから」

といいうと、令子さんは口元に笑みを浮かべながらこう言った。

「――そんなわけで、明日は何かに魅力を感じたらそのまま口にすること。いいわね」

「会社でもですか？　仕事中でも!?」

「そこで戸惑うってことは、普段どれだけ惹かれてる気持ちを抑えて生きてるのかってことよ。君の人生から『素敵！』とか『いいな！』とか『綺麗！』とか、ときめきが失われてるってこと。先のことばかり考えて、目の前の宝石を逃してしまってどうするの」

これは、僕にとってはハードルが高い。気持ちをそのまま口にするだけでも恥ずかしいのに、魅力を感じたらって。

職場って仕事をするところだし、プライベートな自分を晒すみたいで抵抗がある。

「くっらーい顔になったわねー。誰かのことを嫌いとか、悪口を言えってわけじゃないのよ。むしろ褒め言葉だったりするんだから、周りにとってもプラスじゃないの？」

「でも、でも、こっ恥ずかしいですよ！」

抵抗する僕にお構いなしで、令子さんは涼しい顔で言う。

「最初だけよ。何も告白しろって言ってるんじゃないし、別に魅力を感じたら人でなくても、モノでもいいんだから。繰り返しているうちに、無意識のうちに魅力を感じたら口が動くようになっているから。そうなったら、『褒めキャラ』として定着するだけよ。いっつも他人の欠点ばかり口にしている人と、魅力を口にしている人と、どちらと関わりたいと周りは思うかしら」

「そりゃあ、魅力を口にしている人ですよ」

「でしょ。だったら、やったほうがいいんじゃない？　周りもハッピーになって、君も人望が高まっていく。いいことばかりでしょ」

なんだか、令子さんの口車に乗せられているような気もする。が、たしかに褒められて悪い気になる人はいないだろうし、これをやったらひと皮剥けるような気もする。

布団に入ってからも、期待感とプレッシャーがごちゃまぜになった高揚感で、なかなか寝付けなかった。

work

関係がスムーズになる「魅力を口にするワーク」

★「素敵だな」「魅力的だな」と感じたことがあったら口にしてみてください。人に対してでも、ものに対してでも、なるべく感じたまま言葉にしてみてください（聞かれたら恥ずかしいシチュエーションの場合には、心のなかでつぶやいてください）。

★湧いてくる感覚をしっかりと味わってみてください。

Onepoint Lesson

令子さんのワンポイントレッスン ③

男性は「求める」ことに素直になると、本当の力が発揮される

男性性は、求めているものに向かって一気に動くことができる一方で、本音を見せたくないところもあるわよね。特に、好きな女性に対して素直に「あなたが欲しい」と伝えられる男性は少ないんじゃないかしら。それよりも、カッコいいところを見せようとしたり、恋愛テクニックや駆け引きで「相手を落とそう」と頑張って空回りしたりしてしまう人のほうが多いように感じるわ。でも、それは本当の力を発揮しないのよ。「欲しい」という気持ちが熱意になって、行動力を生み出して、何度も挑戦する気力になっていくの。女性は、そんな本気を見せる男性に惹かれていくのよ。

女性の「繋がりたい」という気持ちは、男性によって開かれる

女性性のなかでも「繋がりたい」という気持ちは「願い」に近いもの。でも、それはなるべく隠しておきたいの。男性に開いてもらって、リード

してもらいたいという気持ちがどこかであるから。もし男性からストレートに「あなたが欲しい」という情熱を感じたら、表面上の態度はどうであっても、内心ではドキドキしているもの。そして、少しずつ少しずつ開いていくの。女性性は警戒心も強いから、最初から「繋がりたい」という気持ちを前面に出すことはまずないけれど、男性からの熱意と回数と時間によって、見せるようになるのよ。

がむしゃらに求める経験は、「欲しいものを手にする力」となる

多くの男性にとって自分を晒すことはみっともないと感じるもの。でも、男性がプライドを捨てて、がむしゃらに一生懸命になる姿は心を打つのよ。とはいえ、当然女性にも選ぶ権利はあるわけだから、拒絶されることもある。それでも何度でも求め続けるうちに、必ず応えてくれる女性は現れる。そのときに男性は「欲しいものを手にする力」を信じるようになるのよ。それは、「成功することへの自信」にも繋がっていくの。

見える景色が新鮮になるちょっとしたコツ

――魅力を感じたら言葉にする。これが予想していた以上に、朝から何度も機会が訪れた。移動中、目に入ったポスターの女優の笑顔が印象的で「素敵な微笑みだなあ」とひとり言をつぶやく。駅の売店で飴を買おうとしたところ、その隣にある新商品のパッケージを見て「デザインがカッコいいなあ」と言ったら、売店のおばちゃんが「それ、新作なんですよ。有名なデザイナさんが手掛けたって話題になってるんです」とプチ情報を教えてくれる。電車内の広告からすれ違う人まで、魅力を感じるもので溢れていることに初めて気づく。

これだけのものを見逃していたんだという事実に、小さな驚きを覚える。毎日、ただ繰り返し流れていった景色がなんだか新鮮に感じる。

今日は、どんな一日になるのだろう。そんな期待に胸を膨らませながら、職場に入った。

「おはよう。昨日はありがとう」

出社早々、片岡よしこ先輩が話しかけてきた。ふんわりとした白のワイドパンツにシルエットが引き立つシンプルなニット、鮮やかなワインレッドのブレスレットが眩しい。

こんな綺麗な人と、昨日過ごしたんだな……という誇らしげな気持ちがこぼれそうになり、慌てて抑えようとした瞬間、――魅力を感じたら言葉にする、と繰り返してきた言葉が浮かび、素直に出すことを意識する。

「こちらこそ楽しかったです。憧れの片岡さんと一度ゆっくり話をしたいと思っていたので、嬉しかったです」

「あら、上手ね。どこで覚えたのかな。楽しかったならよかった。飲みすぎちゃったみたいで、失礼なこと言ってなかったかなと思ってさ」

「片岡さんだったら大歓迎ですよ。むしろもっと会話したかったし」

我ながら何を言っているんだろう。言葉にしてから恥ずかしくなる。ちょっと馴れ馴れしいと思われないかな。

「あら、そうなんだ」

あれ、嫌がられていない。むしろ嬉しそうだ。これまでどこかクールだった印象の片岡先輩が柔らかく見える。今まで会社の先輩と後輩として引いていた線が、どこか薄くなったような空気が流れている。

周りはいつもと同じように仕事をしている風景のなかにいて、僕は片岡先輩と距離が近くなっているんだぞ、となんだか誇らしい気持ちが湧いてくる。

美人なタイプの人には相手にされないと思ってたんだけど、まさか素直に話すだけでこんな風に仲良くなれるなんて。

「よかった。いきなり誘ったし、杉村くんいい人だからさ、無理やり付き合わせてたらって少しだけ気になったのよ」

そう言われて、ある言葉が引っかかる。

「そんなことないですよ――」

そこまで言いながら、片岡先輩が何気なく口にした〝いい人〟という言葉から、ほろ苦い思い出が蘇った。学生時代の友人の結婚式で沖縄に行ったときのことだ。

「いい人」止まりにしかならない男

僕は、女友達ふたりと一緒に飛行機に乗り、同じホテルに宿泊した。予約は彼女たちにお願いしたので、当然部屋は別だと思っていたら、同室だったのだ。

友達とはいえ、女の子と同じ部屋――。

「一緒の部屋だけどいいよね？　杉村ってさ、男って感じしないしさー。あはは」

「ちょっと、京子ちゃん失礼だよー。でも、杉村って安全だもんね。あ、悪い意味じゃなくてね。いい人ってことね」

慌ててフォローされたけど、心中はかなり複雑だった。別に何かを期待していたわけではない。けれども男として見られていないということをここまでハッキリ言われてしまうと、自分に何かが欠けているような気持ちになった。

――僕は、「いい人」だけど、ひとりの男としては見られることはない。

棘《とげ》の刺さっていたような想いが、フラッシュバックする。

せっかく片岡先輩と会話が盛り上がったのに、しゅんとしてしまう。

すぐさま、心に湧いたモヤモヤしたものを脇に追いやり、言葉を繋げる。

「また、飲みとかの機会があったら声をかけてください」

「うん。また今度――あ、そうそう、笹川部長が明日、何人かで飲まないかって言ってたんだけど、来る？」

そういえば、滝田華にも、次は行くって約束してたっけな。

「はい。ぜひ」

「わかったー。じゃあ、部長には伝えとくね」

片岡先輩が去った後も引っかかりは消えない。僕は、女性から見たら「男」を意識させないのだろうか。

昨日、令子さんが言っていた「男の色気」が改めて気になってくる。

人が動かされてしまう「色気」

「令子さん、色気がある人とない人って何が違うんですか？」

帰るなり僕は、着替える時間もじれったく、スーツの上着をソファーにかけ、ローテーブルを手前に寛いでいる令子さんに昨日の話の続きを投げかけた。

「まあ、こうやって慌ててガツガツしないほうが、色気はあるかな」

と令子さんはからかうように言い、空中を眺めて、それから続けていく。

「色気って本当は誰にでもあるのよ。それで色気がでているかどうかでいうとね、『本能』を隠そうとすると、色気も抑えられてしまうんだよね。でも、『本能』の赴《おもむ》くまま撒き散らすと、今度は品がなくなるの。だから上手に『本能』を抑えずに、感覚を刺激するような人が色気がでてくるんだよね」

それって、ほとんど天性のものなんじゃないのか。

「色気をうまく扱う人たちってね、さりげなく品よく、相手を虜《とりこ》にしていくんだよね。世の中のコマーシャルやドラマや、映画をご覧なさい。どれだけ、私たちの本能をくすぐろうとしているのか、よくわかるから。あまりにあからさまだと、理性が拒絶するけれど、ふふふふふ。それとなくされてしまうと……」

ゆっくり令子さんは近づいてきて、とろーんとした表情で綺麗な指先をひらひらと、僕の顔の前でゆったりと動かしていく。

「ほ〜ら、ドキドキしちゃうでしょう」

「ちょ……やめてください！」

「ふふ……恥ずかしいのかな。顔が真っ赤だよ。なんでかなー」

令子さんは、すっと手を引いてニヤニヤしながらこっちを眺めている。心臓がバクバクしている。

「こんな風にね、私たちは理性じゃないところでもコミュニケーションをしているのよ。これは、理屈じゃないの。どれだけ正しくて論理的でも、生理的に嫌いな人の言うことは聞きたくはないでしょう。でも、魅力的な人から何かお願いされたら、思わず動いてしまうわよね」

たしかに、心当たりはある。道を聞かれたのが可愛い子で、いつも以上に親身になって教えてあげたり、それほど欲しくないものでも好みのタイプの店員さんに勧められているうちに買ってしまったり。

昨日、片岡先輩に誘われたときだってそうだ。仕事や職場のことを話すなんてことより、何かを「期待」していた自分がいる。

「認めたくはないけれど、下心で動いてしまうということは、何度もあります」

「隠そうとするから『下心』になるの。オープンになっちゃえばいいじゃない。相手からしても魅力を意識されてるってことで、ときめきだって生まれるかもよ」

「そうとは限らないですよね。むしろ、嫌だってほうが多いんじゃないですか」

これまで、特に女性を前にするとギクシャクしてしまったり、挙動不審になってしまうことが何度もあった。

たとえば、女性に好意を抱いたとしてその気持ちを相手に向けたときに、その人にとっては恋愛対象ではなかったら迷惑になるんじゃないかと、引っかかってしまうところがある。相手がそれを気持ち悪いと感じてしまうのではないかと、どこか不安が湧いてきたりもする。

「関係」を一歩深めるのは男性性

「でも、君は好意を感じる人と関係を深めたくないのかな。自分から踏み出さないと、そこから先の可能性だって生まれないじゃない」

「相手が好きにもなっていないうちから踏み出したって、自爆するだけじゃないですか」

「ぷっ。何それ」

令子さんは、吹き出してけたけた笑っている。

「両思いならともかく、こちら側が一方的に好きだって言ったって、その気はないってフラれてしまうだけですよ」

「ウケる〜。意識しすぎ。『好き』といっても幅広いじゃない。友達だって、親子だって、お店の人とかにも『好き』って気持ちになることあるじゃないの。もっと気楽になればいいじゃない。100人ぐらいに同時に向けたらいいじゃない！」

相変わらずぶっ飛んだ発想だ。「好き」という気持ちをそんなに軽く扱うなんて。

「恋愛の『好き』って、他とは違うじゃないですか」

「同じ同じ。私なんて、しょっちゅう『この人いいな』って思ってるし、ときめいてるし、なんならどこかで何かあってもいいかもなー、って妄想するのも楽しいし」

「まあー、そのぐらいならありますけど、でも、実際に告白して付き合うとなると、好きのレベルが違うじゃないですか」

「ロマンチストなのねえ。『好き』に特別感を持たせすぎ。最初は可愛いなとか、素敵だなとか、魅力的だなとか、もう少し話してみたいなというぐらいでしょ。もっと親密になりたいという程度なんだから、その場その場で出しちゃえばいいのよ。よほど嫌でなければ嬉しいものよ」

本当だろうか？　眼中にない人に「好き」と言われても困るんじゃないだろうか。

「でも、いい加減な気持ちじゃ相手に失礼ですよね」

「そんな考えだから、いちいち重くなるんだわー。それじゃあ恋愛だってしんどくなるの当たり前だよ。だから投げ出したくなっちゃうのよ。『好き』って単なる気持ちだし、『好きだからこうしなきゃいけない』というものなんてないし、もっと自由に捉えてみたら？」

僕のなかでは、好きになったら「付き合う」という形にならないと、成就しないと思っている。

好きな人とは、デートをして、手を繋いで、キスをして、告白して、そこから関係を持ってという流れを踏まないといけないし、付き合ってからは相手に結婚を期待されたら真剣に考えないといけないと思っているところがある。

だから、いい加減な気持ちじゃいけないような気がするし、「好き」だと伝えるのならば、覚悟が必要になる。

「そりゃね、特別な関係になりたいぐらいに好きって人と出会うこともあるかもしれないけれど、そんな相手にしか好意を表現できないってなってるとね、余程の人でもないと、無意識のうちに魅力を感じたときに抑え込んでしまうことになるし、いざ現れても今度は意識しすぎちゃうのよ」

思い当たることがある。

学生の頃、アルバイトの休憩室でなんとなくいいな、と思っていた子とふたりきりになったことがある。舞い上がる僕。

その子が「最近ヒマなんですよね」「あの映画観たいなあと思ってるんですよね」といったことを投げかけてくるたびに、ここで誘えば、もしかしたらデートに行けるかもと思いつつ、少し話したことがあるだけの子に声をかけるのも……とためらってしまい、聞き流すようなことをしてしまって、結局何もなかった。

そうしたら、次の日から彼女はなぜかよそよそしくなってしまった。

あのとき、勇気を出して誘ったらどうなっていたんだろうと、ときおり頭の中をよぎることがある。

「ほとんどの女性は『この人とどうにかなってもいいかも』ってどこかで感じている場合にはね、積極的にリードしてくれたら嬉しいものなのよ。そんなとき、サインを送っているのに何もないと、自分には魅力がないのかな……ってガッカリしたりするものなのよ」

「ガッカリさせちゃうのかー」

「そうだよ。**関係を変化させるのは『男性性』のエネルギーなんだよ**」

「それも男性性なんですか？」

「一歩踏み出して新しい世界に連れて行くのは、おとぎ話でも勇者や王子様じゃない？　彼らは『君が今よりもっと幸せになる世界へ一緒に行こうよ』ってヒロインに語りかけるのよ」

僕は、これまで相手の気持ちを確認してから、それに合わせていく受け身なところがあった。それは相手を思いやる優しさというよりも、弱気で消極的な態度だ。

「『惹かれる』というのは本能なのよ。自分が相手に魅力を感じているのに、それを隠そうとするということは、生き物としてのスイッチを切ってしまうということなのよ。本能を抑えちゃったら、生命力が衰えたひ弱な男性になっていくだけよ」

なんだかグサっとくる。僕にとっては「男らしくない」ということがずっとコンプレックスだった。小さな頃から痩せていて、喘息持ちで、運動も苦手でいざとなったら引っ込み思案になってしまう。いつもエネルギッシュな男性をどこか羨ましいと思っていた。

「オスが抜けた男ってね、危険はない感じだけれど、色気もなくなるの。**『安全な**

『いい人』とか『安心させてくれる男』って、全く違うからね。安全な男って、単なる『いい人』としか扱われないからね」

令子さんに、ズバリ核心を突かれた。まさにそれだ！　学生時代から、ずっとずっと引っかかっていることだ。

「僕、『いい人』だなんて、もう嫌なんです。男を意識されないなんて、これ以上まっぴらです。これからは本能全開で、頭で考えないほうがいいってことですか？」

令子さんは、ぷっと吹き出す。

「いや、あのね、別に頭を使ってもいいんだけどね。品格も大切よ。要は、**自分の気持ちを抑えないで『惹かれてるんだなー』と受け止めてみること。その上で、それを隠さずにエネルギーを乗せて会話をするのよ。そうすると、相手にも君が魅力を感じていることが伝わるの**」

魅力を感じたら口にするってそういうことだったのか。

でも、そうだとしても――。

「僕、バレたら恥ずかしいし、自分だけ盛り上がっていたらイタい人になるし、『アイツ、あの子のことが好きなんだって』って噂が流れたら最悪だなあってことが、いちいち頭をかすめちゃうんですよね」

「そんな風に人の評判ばかり気にしてると、自分の本音もわからなくなるよ。君ってさ、男女関係に限らず、いつも顔色を窺ってばかりいるんじゃないの。こりゃ、かなりのものね。どうしようかな——」

令子さんは右拳に顎を乗せて顔を傾け、一瞬目を閉じる。

「よし！　またとっておきを教えてあげる。明日はね、『相手の機嫌』が気になったら、ハートに意識を向けて呼吸をゆっくりしてみて。そこで『自分がどう感じているか』を意識するの。世界が違って見えるから」

また、新しい課題だ。これまでも、ちょっとしたことを意識しただけで周りの反応が変わったりしたことがあった。

今度は何が起きるだろう。いずれにせよ、僕は生まれ変わるぞ、と胸に誓って眠りについた。

work

状況を把握する「ハートに意識を向けるワーク」

★相手の機嫌が気になったり、相手にどう思われているかが気になったりするときは、いったん意識をハート（自分の内側）に向けてみてください。

★意識がハートに戻ったら、ゆっくり呼吸をしながら「自分はどう感じているか」に集中してください。

Onepoint Lesson

令子さんのワンポイントレッスン ④

魅力的な男性は、「本能」を感じさせる

男性性の本能は、獲物を得ようとすること。つまり、ターゲット（目的）が定まり、そこに対して一直線に向かうとき、男性性の色気が放たれるの。そういう男性は芯がブレないから、自分に絶対的な自信を持っているわ。スポーツやビジネスなどあらゆる世界において、そうしたオスの本能を感じさせる男性は、ただお金を稼いで、ただ影響力があるだけの男性よりも、女性を惹きつけることになるのよ。

女性は、「オンナの本能」を安心して曝け出せる人を求めている

女性性は「本能を出しても大丈夫」という状況になると安心するの。王子様キャラとか草食系男子の前で「オンナの本能」をむき出しにしたらはしたないと思われたり、拒絶されそうな気がして、出せなくなる人も多いはず。でも、男性が先に本能の部分をあっけらかんと楽しそうに見せてく

れたら、「ああ、この人の前では出しても大丈夫なんだ」と安心感を得られるの。人間は進化していても、動物であることは変わらないのだから、本能を抑えると苦しくなるのは当然。本能を曝け出せる相手こそ、心地良さを感じるのよ。

本能を研ぎ澄ませば研ぎ澄ますほど、実現力は高まる

本能は研ぎ澄ませば研ぎ澄ますほど、欲しいものが明確になり、それを絶対に手に入れたいという野心が湧いてきて、突き進めるようになるの。こうなると、願いに素直になるので、願ったことはたいてい叶うようになるわ。一方で、本能が鈍ると何が欲しいかが曖昧になるので、何事も中途半端な状態になってしまうの。本能むき出しというと、下品なイメージを持つかもしれないけれど、本能は生存本能とリンクするもの。「生きる気力」そのものとも言えるので、本能を研ぎ澄ますことは、エネルギーを高め、実現する力を高めることにも繋がるのよ。

「見える世界」が変わるとき

居酒屋の奥で座って待っていると、ようやく笹川部長が到着した。

「お、珍しいな。杉村が飲みの誘いに乗るなんて」

それは歓迎している風で、暗に「お前はいつも付き合わないつまらないヤツだ」と言われているようなプレッシャーを感じさせるものだ。

滝田華と片岡先輩と約束したこともあり参加してみたものの、早くも席を外したくなってくる。

「そうだ、お前ら夢はないのか？　夢はあったほうがいいぞ。オレが会社に入った頃なんてな……」

乾杯して早々、笹川部長は自分から話を振っておいて、あたかも自分だけが夢を持ったから上手くいっているというノリで武勇伝を語り始める。

「そうだ、今日は杉村がいるから聞いてみようかな。お前、趣味でもなんでもいいから、好きなことはないのか？」

まるで「何もない」という前提で話を振られると、なんだかそんな気分になってきて、自分が小さく感じてしまう。

「本を読んだりとか……」

「お前、本なんか読んでるのか。オレの話のほうがよほど役に立つけどな。はっはっは！　そうそう、本といえばエメラルド出版って知ってるか？　あそこの編集長の高田さんという人とこの間知り合いになったんだけど、キレ者でさあ。それで編集長っていろんな人と知り合ってるだろ？　オレと数分話していたら『笹川さん、あなたみたいな経験をしているような人はめったにいない』とか言われちゃってさー。どうやら、出版社の人から見たら、オレって相当に変わった人生歩んでいるらしいよ」

趣味はあるかと聞かれて仕方なく「本」と答えたら、出版社の人にすごいと部長が言われた話になっている。

くどくど説教臭いことを言われるよりはマシだ。笹川部長の気分を害さなかっただけでも、よしとしよう。そのとき、令子さんが言ったことを思い出す。

――**『相手の機嫌』が気になったら、ハートに意識を向けて呼吸をゆっくりしてみて。そこで『自分がどう感じているか』を意識するの。世界が違って見えるから**――

笹川部長ではなく、自分のハートに意識を向けていく。身体から緊張が抜けていくのを感じる。

笹川部長はずっと同じ調子で質問を誰かに投げかけ、「そうそう、オレさあ」「ああ、そういえばこの間さあ」と全て自分の話に持っていく。

ハートを意識しながら、呼吸をゆっくりとした状態で笹川部長の話を聞いていると、「あの人と知り合いだ」「誰かにこう言われた」「昔はこうだった」と他人や過去の話ばかりしていることに気づく。

――この人、「中身」が見えないぞ。

ふっとそんなことが頭に浮かんでくる。これまでとは捉え方が少し変わってきたみたいだ。

もしかしたら、笹川部長って、今の自分に自信がないのでは？　次第に笹川部長が小さく見えてくる。

その瞬間、「あっ」と気づいた。

「ん？　どうした？　オレの顔に何かついてるか？」

「いえ、なんでもないです。思い出したことがあったもので」

「なんだ？　見たいテレビの録画でも忘れたのか。はっはっは」

それまでは見えていなかったことがハッキリわかる。**笹川部長が人を寄せ付けない雰囲気なのは、素の自分を見せたくないからだ。**強い態度だとかすごい人と知り合いだとかで武装して、自分をよく見せようとしているからだ。

そしてそれは、まるでこれまでの僕そのものだ。学生時代から特別目立つような存在ではなく、スポーツでも学業の成績でもせいぜい平均で、女の子にモテた記憶もない。

なんとなく大学に行って、そこでもまともに勉強をしていたわけでもない。一念発起して社会人になってからある事をきっかけにしてビジネス書を読むようになったり、たまに異業種交流会や勉強会などに顔を出すようになったりして、少しずつ会社の人たちとは違う世界に居場所を広げている気分になっていた。

仕事帰りに飲み屋街をフラフラしていたり、遊び呆けていたりする人たちと自分は違うところにいる。

どこかで「お前たちとは違う」「いつか見ていろ」という気持ちがあって、会社の人たちとも深く付き合うことを避けるようになっていた。

でも、本音では単に怖がっているだけだった。生身の自分に自信がないものだから、何かを付け加えようとしているだけだったんだ。


そんなことに気づいたら、なんだか笹川部長が可愛く見えてきた。これまで威圧感を覚えていたが、必死になって自分を大きく見せようとしている部長の姿が微笑ましくすら見えてくる。

それからも、ハートと呼吸を意識していると、落ち着きを感じ、周りがいつもより見えてくる。たまに行くと居場所がない感覚になる飲み会が、初めて開かれている場になっているように感じている。

気がついたら、自然と会話の輪に加わっている僕がいた。

二流のリーダーと優れたリーダーは「ここ」が違う

「令子さん、令子さん！」

そこが昔から寝床であるかのようにベッドに入ろうとしている令子さんをつかまえる。

「なあに……？　もう眠いし、明日でもいいかな」

その声に耳を貸さず話し続ける。一度寝てしまったら、この人はテコでも動かないだろう。

「だんだんわかってきましたよ。僕、自信がなくて、それをごまかすように、人からよく見られようと頑張ってました」

「ああ……そう言ってるじゃない。それだけじゃないわね。『見返してやろう』と思ってやってるところがあるでしょ？」

「え、なんでわかるんですか!?」

やれやれという素振りをしながら、令子さんは身体を起こしてソファーに腰掛ける。

「見てたらわかるわよ。まあ、**『見返してやろう』というのは悪いことではないけどね。でも、奥にあるものは大抵、恨みとか復讐みたいなものが多いのよ**」

令子さんの言っていることには思い当たる節がある。子供の頃から華奢だった僕は、ガッチリしたタイプに引け目を感じていた。

不良に絡まれたときも何も言い返せず、ヘラヘラしている自分がいて、10代の頃は、腕っぷしの強いタイプとの衝突を避けてきた。

まるで世界は自分たちのものだと我が物顔をしている彼らを見て、どうして自分はこんなに弱いんだろうと思っていた。

あるとき、書店で目に留まった本を手に取ったとき、そこには成功するために必要なことは身体の大きさとか、先天的な知性とか才能ではなく、然るべき努力を然るべき方法でおこなうことだと書かれていた。

そのとき、初めて僕は自分の可能性を信じてみようと思った。そして、持って生まれたものに恵まれているだけのやつらに、「いつか見ていろ」といった思いが沸々と湧いてきた。僕も強い男になれば、大きな態度を取ることができる。

「なんとなく、わかります」

「それはね、いずれみっともないことになるわよ。**もし成功したとしても、面倒くさくて気持ち悪いおじさんになるからね**」

「うわ、成功したとしても!?」

「どれだけ世間でチヤホヤされても、お金を稼いでも、尊敬されても、君は『それ』を実感できないからよ」

笹川部長の顔が浮かぶ。――だからアピールしようとするのか。

「君は、『お金』『地位』『権力』『肩書き』『影響力』……みたいなものを手にできたら、自分に自信をつけられると思ってるところはどこかない？」

「あるかも……しれないです」

「そして、そうなったら女からもモテて愛されると思ってるよね」

「なんだかモヤモヤしますね」

「図星だからよ。それで、実際手に入れたらどうなると思う？　君は、人に対して**その『アイテム』を見せつけようとするんだわ**」

まさに、笹川部長ではないか。アイテムで自分をよく見せようとしているだけだから、中身が感じられないのだ。

「うわあ。そういうオッサンいます！　酒の席で自慢話しまくるんですよ」

「いるよね。**女性って『理解してほしい』『受け止めてほしい』というところがあるから、話を聞いてほしいのよ。自慢ばかりしている男って、器が小さく見えちゃって、気持ちが冷めちゃうのよ**」

人は成功して自信がついたからといって、自然と器が大きくなるわけではないのだ。

「成功と自信って比例しないんですね」

「関係ないんだよね。そんな見せかけの自信なんて脆《あやう》いしね。**成功というパッケージを通して人と付き合おうなんて、逃げの姿勢なのよ。ひとりの生き物としては、**

安全ばっかり気にしてて、色気のかけらもないじゃない」

「ここでも色気が出てくるんですか」

色気は思った以上に重要な要素のようだ。

「男性の保身って、色気とかけ離れるからね。生身を晒せないんだなって女性性の本能では感じるから、いざとなったとき、この人は逃げるんじゃないのかなと映ってしまうのよ」

「女性性にとっては大切な、安心も感じられなくなりますよね」

「そうそう。だから開けないし、身を預けられなくなるの。それから、前にも言ったけど、**男性性は挑戦によって輝くのよ。全てを失っても構わないという、肚《はら》をくくっている姿に色気も漂うのよ」**

「保身とは、全く逆の姿勢ですね」

たしかに、保身に走る男性からは自信のなさが漂う。自慢されたら、色気どころではない。

「自慢が人に嫌われるわけじゃないの。『過去の話』とか『持っているもの』の話のなかには、『その人自身』の言葉ってないじゃない。そこには自信のなさが透けて見えちゃうからなんだな。そのくせに偉そうだったりするでしょ？」

「ああ、たしかに！　女性にモテたいなら、いっそのこと『君のことが好きだ！』って素直に出せってことですよね」

令子さんは、わかってるじゃない！　という風に身を乗り出すと、

「そうそう。ストレートな視線で真っ直ぐ見つめてくれたらドキドキしてしまうのよ。求められてるって感じさせてくれたら、どんどんセクシーな気持ちになるわ」

とテンション高めになった。

「そっかそっか！　『僕の持っているもの』なんかじゃなくて、『あなたが欲しい』って気持ちを伝えていくんですね」

「アイテムは演出なのよ。これだけ素敵な男性に求められていて、『私に魅力がある』ってことを彩ってくれるものね。それが、ときには年収のこともあるし、社会的立場ってこともあるわ。**でも、それ以前に『求められている＝私は魅力的』って感じさせてほしいのよ**」

女性は、アイテムよりも求められている感覚が欲しいのだ。なのに、僕はアイテ

ムを獲得しようと必死になっている。

「男性性の役割は、相手に『魅力的』だと自分を感じてもらえるようにすることなんですね」

「器の大きい男性は周りを輝かせるのよ。魔法をかけていくの。一緒にいる人たちへ主役の座を明け渡して、その人たちが可能性を開いていけるようにするの」

「リーダーって、説得したり引っ張っていくのが上手い人だと思ってました」

「外から人を動かすのは二流のリーダーね。**優れたリーダーはみんなを感化して内側から動くように働きかけるのよ**」

僕の部署ではないが、社内に部下から絶大な信頼を得ている上司がいる。その上司はあまり表に出てこないが、部下たちはイキイキと仕事をしていて羨ましく思ったことがある。

「君は、知識だとか、実績だとかを身につけようとしすぎー。そうだ！　今日は、寝る前に、イメージのなかで、仕事の成績とか、人脈とか、肩書きとか、知識とか、責任感とか、目標とか、抱えているものを、ぜーんぶ捨てて空っぽにしちゃおう。空っぽになったら寝るの。面白い感覚を体験できるよ」

「せっかく、身につけたものを全部捨てるって、なんか心もとないですね」

「それは、『何もない自分』という感覚が不安にさせているだけ。無意識のうちによく見せようとしているアイテムを手放すとね、ひとりの人間として大切なものが見えてくるから。あ、あとね、ぐっすり眠れるようになるよ」

令子さんはそう言って、「ふあ……」とあくびをすると、「そろそろ寝てもいいかしら？」とベッドに入り、あっという間に寝息を立ててしまった。

work

大切なものを知る「ぽいぽいワーク」

★寝る前に布団のなかで今抱えているものを、イメージのなかでぽいぽい捨てて、自分を空っぽにしましょう（仕事、役割、立場、役職、経験、家族、パートナー、子供、責任、予定、心配、不安、借金、財産、夢、目標など、思いつく限りぜーんぶ、捨てましょう）。

★「何もない自分」になったらそのまま寝てしまってください（いまいち変化がわからなくても、1週間ほど続けてみてください。潜在意識は少しずつ変化する性質があるため、じわりじわりと効果を実感できることでしょう）。

Onepoint Lesson

令子さんのワンポイントレッスン ⑤

男性は「真っ直ぐ」求めることで、相手の心を開かせる

男性性は欲しいものに対して真っ直ぐに突き進むことができる一方で、欲しいものがわからないと、「別に欲しくない」とうそぶいたり、欲求そのものをなかったことにしてしまう傾向もあるの。それでは、傷つくこともないけれど、欲しいものを手に入れることはできないわ。

欲しいものをハッキリさせたいなら、現実をしっかり見て、自分の気持ちから逃げずに求めているものへ向かうこと。手に入れたい相手に男性エネルギーを注ぐとき、相手の心を開かせることになるのよ。

女性は、「魅力的であることを実感したい」と感じている

女性性は「私は魅力的である」と実感したい性質があるのだけれど、そこに不安を抱えている場合には、どれだけメイクやファッションに気合いを入れても、キャリアアップをしても不安を感じるの。

どんなときでも、どんな自分であっても変わらずに見つめてくれていることを感じるときに、安心して開いていくことができるのよ。

相手にストレートに向かうとき、自分の内なる想いが伝わる

真っ直ぐに相手を見つめるということは、自分の愛に確信をもち、コミットメントするということ。形に逃げないということ。自分にとって何が大切で何を愛おしいと感じているのか、揺らがないということ。

そして「自分は人を愛せる人間である」という確信をもった男性は、余計な言い訳や逃げ道をつくらずに、ストレートに向かうことができるのよ。そこに嘘がない純粋さを感じたときに、相手もオープンになってくれるものなの。

夢の中にでてくる人

令子さんに教えてもらった、寝る前に自分を空っぽにする作業。聞いたときは、イメージのなかで捨てたって現実が変わるわけないと半分バカにしていたけれど、続けていると、だんだん細かいことが気にならなくなっている自分に気づく。

たとえば、同僚が不機嫌だと「何か怒らせるようなことをしてしまったのだろうか？」と気になって仕方なかったけれど、「今日は機嫌が悪い日なんだな」と思えるようになった。いちいち人に影響されなくなると、とても楽だ。今、自分がやるべきこと、大切なものが整理されていく感覚になる。

そして何よりも、イメージのなかで捨て終わると、いつの間にか眠っているのだ。朝もスッキリ目覚めることが多くなり、なんだか気持ちいい。

そんなある日、夢を見た。

「たかしくん、やっと会いに来てくれたんだね。ずっとずっと待ってたんだから」

6年前に別れたまゆが、目をうるませながら目の前にいる。

いや、よく見ると違う……!? ブロンドのヘアに、印象的な青く透き通った瞳、羊毛製のローブのようなワンピースに、麻の頭巾を被っている。美術の教科書で見たことがある、中世ヨーロッパの服装をしている。

でも、夢の中の僕は、なぜか彼女だとわかる。

彼女の目を覗き込んだその瞬間——彼女の瞳に僕が映し出されている。さらに僕の瞳の奥には、彼女がいて、その瞳の奥には……

繰り返されているうちに、彼女なのか、僕なのかわからなくなってくる。

いつの間にか、回転しながら宙に浮かび上昇している。くるくると回りながら僕と彼女の身体の輪郭がボヤけていき、一体化していく……。

まだ、まだ、準備ができていない——一気に落下する僕。ものすごい勢いで地面が近づいてくる。

あ、ぶつかるっ！

ドンッ！

「……いったあ」

ソファーから落ちて目が覚める。時計を見ると、深夜の2時を回ったぐらいだ。

――あの子が夢にでてくるなんて。

彼女はまだ20代の頃、前の会社の取引先にいた社員だ。おっとりした雰囲気の見かけによらず、熱意を持って仕事をしていたところに好感を抱いた。

メールを何度かしているうちに、仕事帰りにちょくちょく食事に行くようになり、ほどなく付き合い始めた。

この頃は、仕事はそこそこ上手くいっていて、それなりに毎日を楽しんでいた。

ただ、表彰された同期がでてきたり、学生時代の知り合いが雑誌で紹介されていたりすることがあって、少しずつ焦りを感じるようになってきた。

もし、今置いていかれたら、将来中途半端なところで終わってしまうかもしれない。

それまでは、なんとなく仕事をして、スキルを磨いて転職してキャリアアップをしながら、そのうち結婚するんだろうと、ぼんやりとイメージしていたのだけれど、このままでいいのだろうかと考えるようになった。

あるとき、彼女の両親に紹介され、結婚話がそれとなくちらつくようになった。

でも、内心、まだ結婚は困ると思っていた。結婚するのであれば、安定した生活が送れるだけの力を付けたいし、転職や独立の可能性もあるから、その辺りもハッキリさせてからにしたい。

日に日に彼女の見えない期待がプレッシャーになっていった。

僕は、次第に彼女のことが重くなり、転職をきっかけに別れた。いや、逃げた。

一方的にメッセージを送り、ブロックして連絡を取れないようにした。

もう、6年も前のほろ苦い思い出だ。たびたび、あの子のことは思い出す。話をしていて一番面白かったし居心地が良かった。何時間でも一緒に過ごすことができた。あのとき結婚していたら、どうなっていたんだろう。

男性性が飛躍的に伸びる「ある決断」

夜中に目覚めたまま、思いを巡らせているうちに朝を迎えてしまった。このところ、毎晩、寝る前に抱えているものを捨てることが習慣になっているからか、潜在意識の奥にしまい込んでいたあの子のことが夢になってでてきたのかもしれない。

久しぶりに眠れない夜を過ごす。ここ最近、休日出勤が多かったけれど、久々に土日が休みでよかった。

「おはよう。あら、今日は早いのね」

「昨日、変な夢を見まして。それでいろいろ考えていたら寝付けなくて……」

「ふうん。どんな夢を見たの？」

令子さんは興味ありげに聞いてくる。

「昔、結婚の直前までいった子がでてきて」

「へえ、杉村にもそんな子がいたんだ。この間別れたと言っていたのとは別の子だよね。ってか、結婚なんて考えられない、当分先だって言ってたじゃない」

「結婚するとしたら、この子かな……と、当時思ったんです。でも、いざ具体的になったら無理ってなってしまって。きっと彼女を傷つけたし、それもあってこの前別れた彼女には、結婚への期待を持たせたら申し訳ないなと思って……」

「君、同じことを繰り返してるんだね。こりゃ、一生うだつが上がらないままいっちゃうね。よかったじゃん。おめでとう！　しょぼい人生だってさ、先が見えないよりずっとマシだよ」

ひどいことを楽しげに令子さんは言う。

「そうならないように、いろいろと取り組んでるじゃないですか」

「ひとりの女も幸せにできる自信すらないくせにね、大きなことなんてできるのかなー」

「だから、そのために努力してるんですよ」

なんとか苦し紛れに言い返す。

「あのね、男性性が飛躍的に伸びるのは『自分以外の存在のために生きる』と決めたときなのよ。隠れていた力に目覚めるの。生まれ変わっちゃうの」

「生まれ変わる!?」

「全てを捧げてもいいという存在が目の前に現れたら、今のダメな自分を潔く捨てることができるんだよね。君の視界は『自分の範囲』なの。『自分を』成長させたい。『自分が』他と差をつけたい。『自分の』夢を実現したい。だからイメージできるビジョンだって、その範囲。努力してるっていっても、狭い世界になってしまうのよ」

令子さんの言わんとすることはわかる。でも、会社と家との往復だけでやっとの状態で、それ以上のことをやる余裕も最近はなくなっている僕に、他の誰かのことを考えるなんてとてもできるとは思えない。

「それはそうだと思います。でも、やっぱり僕ひとりでいっぱいいっぱいなのに、他の人なんて入れる余裕、ないですよ」

「『ひとり』って世界が狭いのよ。限界が来るのが早いの。でも、『ふたり』になると世界がそれだけ広がるの。広がるというより、今とは全く違う世界になるの」

　これ以上自分に責任がのしかかることは無理だと思っていたけれど、それは自分の狭い思考からでたものだというのか。全く違う世界を創れるなんて、正直思ったこともなかった。

「自分と違う人間とだから？」

「そうよ。女性性と男性性は『真逆』だから、ひとつの器に入れたら、本来は反発し合って上手くいかないの」

「足を引っ張り合いそうですね」

「最初はそう感じることもあるかもしれないわね。でもね、『ふたりの幸せ』を実現するために器をデザインし直すことは、いつでもできるのよ」

「器をデザイン？」

　令子さんの話にワクワクしている自分を感じる。

「自分が『ファミリー』だと感じる存在を全て入れる器をイメージしてみて」

「それって、結婚したら子供も、ってことですか？」

「そうよ。会社だったら、課長よりも部長、それよりも社長のほうが、たくさん入れる存在がいるでしょ？」

「わかってきました。先に入れちゃうんですね」

「そう！　『自分が愛する存在』を人生に先に入れていくの」

「そうしたら、器が大きくなるってことなんですね」

「君が『自分以外の存在』を入れれば入れるほど、今のキャパではどうにもできないことが増えていくの。器を大きくする以外になくなっていくの。そして、君の男性性はそれにちゃんと応えてくれるのよ。だから『この人を好き』『一緒にいたい』という感覚を大切にするの」

仕事に精を出して取り組みながら、妻や子供に囲まれている幸せそうな自分の姿が頭の中に浮かんでくる。

「ああ……僕、自分の世界に誰も入れないようにしてました」

「入れたものによって、本当に欲しいものが見えるのよ」

人生に「誰」を入れるか決める

令子さんの言っていることが、今ならわかる。僕のなかで何かが変わろうとしている。そして、6年前、まゆから別れ際に言われたことが頭に浮かぶ。

――覚悟ができていないから、今のあなたがいる――

そうだ、あのときから僕がずっと欲しかったのは覚悟だったんだ。それに気づいたとき、肚の底から力が湧き上がってきた。

同時に、封印してきた記憶の鎖がほどけて、想いが蘇る。まゆがまだ僕のことを好きでいてくれるなら、まゆを迎えられるような男になろう。いつか、一人前の男になったとき、もし、まゆと再び一緒になるチャンスがあるのであれば、まゆは運命の人なんだろう。

「実は、僕、自分の器に入れたい人が、いるんです」

「この間、別れた子？」

「いいえ、その前に、6年前に別れた子で、須藤まゆって言います。次の彼女ができたら、まゆのことも忘れられるかな……って思ってたんですけど」

「ってことは、まゆちゃんを忘れるために、次の彼女と付き合ったんだー」

意地悪そうに令子さんは言う。

「そ、そういうわけではないですよ！　ちゃんと好きだったし……。ただ、やっぱり一緒にいて一番心地良かったなあと思うのは、まゆなんです」

「ふうん。まゆちゃんのことが忘れられないほど好きみたいだけど、今の君からは、本気で自分の器に入れる覚悟は感じられないな」

「……どうしてですか？」

「今後何があっても、まゆちゃんを全力で守れる自信はある？」

「そう言われると……」

「ああ、情けない」

令子さんはどうしたもんかという表情で、部屋のなかをうろうろしている。と、そのとき、部屋の隅に置いてある本棚の前で足が止まった。本棚をじっと見つめて何か考え込んでいる。

「ねえねえ、杉村ここにある本って全部読んでるの？」

「一応は、ほとんど全部読んでいます」

ここには、僕の生きる知恵が詰まっている。心理学、マーケティング、金融、自伝、経営、自己啓発……古今東西、世界中の叡智が集まっている。何よりも、この6年間、僕がこれだけの知識をこつこつ身につけてきたという事実を証明している。

令子さんも感心しているだろう。なんだか誇らしい気持ちが湧いてくる。

「ふうん。500冊ぐらいあるのかな？　こんなにあっても、何回も読まないよね」

「ええ……でも、いざとなったら、参考にしたりしますし」

令子さんは棚に沿って視線を動かしていき、「よし」と呟きにっこりと笑う。

「杉村、これ、全部捨てちゃおっか！」

一瞬、何を言われたのかわからず時間と空間が止まる。

「え!?」

「ゴミだから！」

と言って、一番上の棚から本を取り出して床に置いていく。

「ちょ……ちょっと、ゴミって、何を……!?」

令子さんの背中に手をかけて慌てて止めようとすると、今度はすごい勢いで列ごと本を床に落としていく。

「令子さん、僕にとっては、本当に大切なものなんです。本は僕の人生そのものなんです」

「まあ、大げさなこと。——仕方ないなあ。じゃ、せめて整理してみましょう。この1列空いた棚に、『これだけは絶対に何があっても必要』というものを置いてみて」

ここでやらないと、この人は僕のいない間に本当に全部捨ててしまいそうだ。しぶしぶ僕は、一冊一冊吟味して棚に置いていった。

work

今の自分がわかる「本棚を空にするワーク」

★本棚に並べている本を、いったん全部棚から出して床に置いてください。

★基本全部捨てるつもりで「本当に今の自分に必要な本」だけ残してください（どうしても捨てられない場合は、「1年間読んでない本は捨てる」など基準をつくって、整理しましょう）。

男性は「この人のために生きる」と決めると、ステージがアップする

男性性には「形で表そうとする」性質があるのだけど、実績、年収、社会的評価など具体的なもので自分を表現しようとしても、どこまでも自分を感じることはできないわ。どれも記号やアイテムに過ぎないからよ。

そして男性性が大きく飛躍するのは、それは「誰のために」が見えたときなの。自分のためだけに頑張っている場合、多くの男性は利己的で見ている範囲も小さい。そして、そのことを無意識にわかっていたりするから、「どうせ自分のことなんて」と拗ねていたりする。「この人のために」「この人たちのために」が見えたとき、自分という存在を使って、誰かの役に立っているという喜びを実感できるの。

女性の「愛を受け取る器」が、男性の「愛を与える力」を育てる

女性性にとって「愛されている」ということは、とても重要。それがあるだけで全てが輝いて見えるぐらいに、必要なことなの。

そして、女性は愛を無限に受け取る器があるわ。それは、男性の与える力をどこまでも伸ばしていけるということでもあるのよ。男性は、自分が与えることができる存在だと実感すればするほど、より多く、より広く愛を与えるようになっていくのよ。

愛する力が高まると、家族から地域、社会へと愛は広がる

女性性に受け入れてもらうことで、男性の愛する力は、どこまでも拡大できるの。それは、パートナーや家族を超え、組織や地域、社会にまでどんどん範囲を広げることができるのね。

内なる愛を大きく広げていった男性は、より多くの人を笑顔にし、感謝されることを実感できるようになるの。それは、自分の存在がどれだけ大きいものか実感できることへと繋がっていくのよ。

「年収ゼロ」で彼女に会いに行ける？

本棚の前で「絶対に必要な本」を選ぶこと5時間。約500冊あった本が10冊に絞られた。人生を送るうえでかなりのウエートをしめていた本。でも、いざ本当に必要な本だけを選んでいくと、想像以上に必要のない本が多いとわかる。

僕が大事にしていた多くの本、その中身は、使わない知識、古いスキル、数年前に流行った仕事術などが大半だった。

それを捨てると決めたらどんどん心が解放されていく。身体まで軽くなっていくような気がするから不思議なものだ。

驚くぐらいにスッキリした。ここにあるものは、今の僕の気持ちとぴったり一致する。まるで、一冊一冊が生命をもって語りかけてくるようだ。

「これが『自分にとって大切なものがわかる』という状態よ」

と令子さんが言う。

これまでとは、本棚から伝わってくるものが違う。余計なものがなくなってクリアになった感じがする。本からは「今、やりたい事ってこれだけでしょ」と、語りかけられているような感覚になる。

「人生でね、何が大切なのかがわかると、それ以外は必要なくなるの。でも、ハッキリさせるということは、それをやるしかないということ。人は大切なものに向き合うことほど恐れを感じることはないから、曖昧にしている人が多いのよ」

令子さんの言葉が僕の胸に刺さった。

捨てた本の多くは、いつかまゆに認められる男になるために買った本だった。知識やスキルを身につけて立派になってからでないと女性を幸せにすることなどできないと思い込み、みんなが遊んでいる時間に読書をして、少しでも成功に近づこうと思っていた。けれど、それは自信のなさからだったんだ。

彼女は僕なんかといるよりも、もっとデキる男と一緒になったほうが幸せになるはずだと、勝手な思い込みで自分を納得させていたけれど、本当はまゆが大切だから、彼女を幸せにできないことが怖かったんだ。

でも、まゆは、僕と一緒にいて幸せを感じたいと望んでいただけだった。何もない僕だけど、ただ一緒にいるだけでよかったんだ。

結局、まゆと別れてからのこの6年間で、今の僕にとって必要なものなんてほとんどなかったということだ。

「僕、やっぱりまゆが一番大切だってわかりました」

真剣な顔で令子さんに話すと、

「んー。じゃあ、年収ゼロで彼女に会いに行ける？」

予想外のことを聞いてくる。

「いや、それは無理ですよ！」

「タイミング逃すかもよ。稼げるようになる間に、もっといい男が彼女を口説きに来たらどうするの？　もし、稼げるようになったとして、今度は年収が倍の人が来たら？」

そうは言っても、さすがに収入なしの男は厳しいだろう。

「年収ゼロで彼女にアプローチするなんて、それこそ無責任ですよ」

「本当に？　君に収入がなければ、君は彼女を愛さないということ？」

「現実的じゃないですよ。収入がなければ、彼女がしてほしいことがあっても何もしてあげられないじゃないですか」

からかわれた気がしてムッとすると、令子さんは突っかかってきた。

「君の言ってること、翻訳してあげるね。『お前は、自分が欲しい物をオレが買えないと他に行く女だよね』って感じかな。もっと言うと、『お前は、オレが金を持っていると、オレのところにいるという女だよね』って感じね」

「彼女はそんな子じゃないですよ！」

ムキになって言い返すと、令子さんは、

「そんな子じゃないのに、なんで彼女を後回しにするのかな。君のなかの優先順位は『彼女と一緒にいること』と『お金を稼げるようになること』どっちが高いの？　今彼女に会いに行けないんだったら、稼げるようになって一緒になったとしても彼女を幸せにはできないよ」と言い放った。

「それ、どういうことですか？」

「稼げるようにならないと彼女に会いに行けないということは、いつも完璧で稼げ

る男のフリをしなきゃいけないってことよ。でも、人生には波があるでしょ。いいときもあれば悪いときもある。波の底にいるときに、彼女に『助けて』って弱音を吐ける？　強がってばかりいると、ピンチのときに稼げない自分を責めたり、罪悪感を抱いたりして、自ら幸せを壊してしまうと思うよ」

「でも経済力がある男じゃないと、ダメになっちゃう可能性があるじゃないですか」

「なんでかなー。どうしてそう思い込んじゃったの？」

そう思ったのは――父がリストラにあって、両親が喧嘩していたからだ。あんなに仲が良かったのにひどい言葉をぶつけ合っていて……。自分の両親がそうなっていることを信じられなくて、ショックだった。

そこから『稼ぐ』ということは、僕にとっては家族が安心するために絶対に必要なものになった。まゆといるとそれが癒された。一緒にいると安心感があった。

「じゃあ、『オレ、1000万円稼いだから自由に使えるぜ』と言われるのと、『君といると素直になれるんだよね。君といると安らぐんだ』と言われるのと、彼女はどっちが嬉しいと思う？」

「『君といると安心するんだよね』のほうですね」

「そうでしょ。**生活していくにはお金は大切だけど、女性性はそれよりも安心したい気持ちのほうが、はるかに強いの。何もないけど、一緒にいてくれて安らげる人のほうがいいのよ**」

両親の喧嘩を見て、稼ぎがないとパートナーから認められないと思い込んでいたけれども、女性が求めていたのは安心感なのだ。母は父が稼げないことにイライラしていたと思っていたけれど、リストラにあっていじけていた父に腹を立てていたのかもしれない。「リストラくらいで、落ち込んでどうするの？」「前向きになって家族のために頑張ってほしい」というのが母の願いだったのかもしれない。

子供の目線でしか考えられなかったけれど、別の角度から見ると全く違う意味になった。令子さんは続ける。

「女性はそこまでバカではないの。この人は、お金がないからダメ、借金あるからダメとは思っていないのよ。変な話、そういう状況を理解したいと思うかもしれないし、悩んでいるなら我慢せずに私に話してほしいと思うかもしれない。愛する人と一緒なら、どんな問題も乗り越えられると思っているのよ」

女性がそんな気持ちだとは、考えたこともなかった。僕は自分の狭い器のなかでもがいていただけだったんだ。そう思うといたたまれなくなり、今すぐにでもまゆに会いに行きたい気持ちが溢れてきた。

そんな僕の気持ちを察したのか、令子さんは聞いてくる。

「まゆちゃんに、会いたくなったでしょ？　いつ連絡取る？」

「えっと……来週、連絡してみようと思います」

「来週？　今連絡して」

「今――？　……冗談ですよね」

「本気よ。君は大切なことを後回しにするからね。**女性が欲しいのは、お金が有る無しではなくて、『私のことを愛している』という強い想い。いざというときに一緒にいてくれるかどうかが大事なのよ。**君がお金を稼げていないない自分に不安を持つと、『この人は何か条件が変わったら一緒にいてくれなくなるんじゃないか』と不安にさせるだけ。女性は常に揺れ動いている生き物なの。不安定だからこそ、男性にはどんなときも関係なく『愛している』と言ってほしいのよ」

僕の迷う気持ちがまゆを不安にしていたのか。本当に悔やむことばかりだ。

「じゃあ、もし彼女から『仕事を失敗したから半年会えないの』って言われたらどう思う？」

「え、なんで!?　と思いますね」

「彼女も同じよ。時間がない、お金がないを言い訳にして、私と会う時間をつくりたくないんだろうか、と思わせてしまうの」

「でも、世の中の女性は、男性に条件を求めるじゃないですか？」

実際、婚活市場では、一流企業、高収入、イケメンであればあるほど引く手あまたと聞く。

「女性も口では男性に条件を求めるけれど、潜在的には繋がりを求めているの。『この人は寄りかかりたいときに、一緒にいてくれるのか』『病気のときに一緒にいてくれるのか』ってね。女性性の『繋がりたい』気持ちを無視して男性が『条件を整えること』を最優先にしていると、女性はそのエネルギーを感じて不安になるのよ」

条件が整わないと彼女に認められないと思って、必死に生きてきた。でも、女性がそれを求めていないとしたら、僕はなんのために頑張ってきたのだろう。

「僕、条件が整わないと一緒にいることはできないと思ってました……」

「今のままだと、彼女は君のぬくもりを感じられない。そうすると、君が『好き』とか『愛している』とかいくら言っても、不安で受け入れてくれないかもしれないわ。**そういうとき、女性は心を開きたくなくなるの。わざと嫌がることを言ってみたりして、気持ちをたしかめてみたくなるかもね**」

「すごく思い当たる節があります」

まゆと付き合っていた頃、同期に差をつけられまいと焦る気持ちがはやり、デートをしている時間がもったいなく感じられた。だから『会いたい』と言われても『今日は忙しくて……』と断ったり、デートをドタキャンすることが続いた。

さすがにまずいと思い、まゆの誕生日は仕事を忘れて一緒にいたつもりだったけれど、まゆは始終ご機嫌斜めだったことがある。

「**女性が怒ったり、拗ねたりするのは、『安らぎたい』『繋がりたい』『ぬくもりを感じたい』という気持ちの裏返しなのよ。**そこを汲み取ってあげられたら、彼女も安心できるわね」

令子さんの言葉に、僕はどうしてももう一度まゆに会わなければならないと思った。会って過去のことを謝りたい。そして、愛する存在のために生きることで、男として生まれ変わりたい。

「君にとって、今、彼女はどういう存在なの？」

タイミングよく令子さんは聞いてくる。

「一緒にいて楽しい。幸せにしたい存在です」

「だったら、『彼女』と『お金』の順番をこう考えてみたらどう？　彼女が大事だ。幸せにしたい。だからお金を稼ぎたい」

「いいですね。すごくモチベーションが上がります！」

「今、君がすること、もう、わかるよね」

「はい！　今すぐに連絡します」

「結果は考えないこと。上手くいかなければそれまでの人だから。深刻にならず、軽い気持ちで連絡してごらん」

令子さんの言葉に押され、僕はスマホを握りしめて外にでていった。

Onepoint Lesson

令子さんのワンポイントレッスン ⑦

男性は「未知」に対する「挑戦」を楽しめる

男性性は、サバイバルな状況にワクワクするところがあるわね。そして、それを超えるだけの力があると実感したいし、それを通じてパワーアップすることも望んでいたりするわよね。だから、男性は未知に挑戦することで、新しい世界を切り開いていけるのよ。

女性は「今いる場所から連れ出してほしい」と思っている

女性性にとっては、安心できるということはとても大切なこと。だから今いる場所を維持したいし、守られていると感じる環境があることは重要。でも、それだけでは人生は退屈になっていくもの。白雪姫やシンデレラのように未知なる世界へ連れ出してくれる存在を、どこかで求めているのよ。

男性は「愛する存在」を得ることで、未来を創造する力が高まる

彼女に対して「必ず幸せな未来へ連れて行く」と約束することは、男性のポテンシャルを開花させるの。それを実現するために今の自分に足りないことがあると感じれば、能力を高めたり、勇気を持って踏み出したりできるようになるからよ。

男性性の持っている「よりよい未来を創造する」という力は、「愛する存在を幸せにしたい」という気持ちから生まれるの。それが、世界を変革してアップデートを促すことに繋がっていくのよ。

「未来」へと歩み出す

778円のハンバーグセットとドリンクバーを注文し、窓際の席に座った。すっかり外は暗くなっていて、イルミネーションの光が辺りを照らしている。そんな風景を眺めながら、ハンバーグを頬ばり、ひと息つく。

スマホを開いて、6年ぶりにまゆにメッセージを打つ。震える指で「送信」ボタンを押す。まゆはなんて思うだろう？　返信はくるだろうか？　既読スルーされるかもしれない。それでも構わない。どんな結果になっても自分の想いを伝えたことで、胸のつっかえがスッキリしているのを感じた。

「令子さーん、さっき、まゆに連絡しましたよ！　約束守りましたよ！」

さっそく報告をして令子さんの喜ぶ顔が見たい。ウキウキした気持ちで玄関のドアを開け、威勢よく話しかけたものの、返事がない。

あれ？　どこか外出したのかな？

家のなかは、いつになく空間が整っているように感じる。誰もいないその場所は、何かがリセットされたかのように静かだ。

ふとテーブルの上に1枚の便箋を見つける。そこには令子さんの字で置手紙が残されていた。


――杉村、居候させてくれてありがとう。私はそろそろ彼のもとに帰ります。

君と男女の話ができて、楽しかったよ。

きっと、少しはまともな男になったはず！

愛する女性を幸せにできる男になることを祈ってるよ。

また、どこかで会いましょう。

令子――


「令子さん……」

僕は置手紙を握りしめ、寂しさと温かさが混ざり合った気持ちを噛みしめた。

Chapter 2

「女」が見ている世界

連絡を待つ女

いつになったら既読になるんだろう。「気にしない」と思いつつ、歩きながらも、ついスマホを立ち上げてしまう。

夕方にメッセージを打ってから何度見返しても、目にするのは止まっている会話が映し出されている画面。それを確認するたび、落胆する。

いつまでやきもきさせられるのだろう。いっそのこと、ブロックするかアプリごと消去してしまおうかな。そうしたら、「連絡を待つ」という状況から、もう解放されるかも。そんなことが何度も脳裏に浮かんだ。

自分からしつこくメッセージを送るような面倒くさい女にはなりたくない。暇だと思われるのも、なんだか悔しい。

それにしても、恋愛になるとどうして、彼中心になってしまうのだろう。そんな自分が嫌で、あえてスケジュールを詰め込んだり、無理やり仕事を入れたりして「忙しくてこちらも連絡できない状況」をつくったりしている。でも、今日のようにすっぽり空いた時間ができてしまうと、彼のことが頭をよぎってしまう。

自分からは、なるべく連絡をしないようにはしている。でも、今のようにしばらく既読にならない状況が続くと、その間ずっと気になってしまう。開封されても返信がないと、尚更自分のことなんてどうでもいいんだという気持ちにさせられる。

これだから男は――。

最初はあれだけ熱烈にアプローチしてくるのに、付き合い始めてからしばらく経つと、メッセージひとつ寄こさなくなるんだから。男はみんな「釣った魚に餌をやらない」生き物なのだろうか。

私は、「連絡をくれない彼」という既成事実を心のなかで積み重ねていってどこかで爆発してしまういつものパターンにハマり始めていた。

そんなモヤモヤした気持ちを抱えながらスマホをバッグの中に入れて、ふっと顔を上げると、見慣れない看板が目に飛び込んできた。

「――KIZUNA 絆――」

そこから地下へ、薄明るくぼんやりと照らされた石畳の階段が伸びている。その先は見えないが、どうやら和風のバーのようだ。

こんな場所にお店なんてあったかな？　近所はあらかた開拓し尽くしてきたつもりだけれども、まれにこうやって見逃していた店を見つけることがある。

デートで、フレンチ、イタリアン、エスニックなどの流行りのレストランに連れて行ってもらうと気分は盛り上がるけれど、ひとりのときは居酒屋や赤ちょうちんなどで軽く一杯引っ掛けるのが好きだ。

――今日はここにしようかな。まだ行っていないお店だしね。

階段を下りて入り口をくぐると、間接照明に照らされた大きなカウンターが一際目を引いた。こぢんまりとした空間はまるで隠れ家のようだ。

かといって息苦しいほどでもなく、ほどよいスペースが確保されている。ひとりで入って浸るにはむしろ丁度いい。

ふらっと立ち寄ったバーでの出会い

「――いらっしゃいませ」

カウンターの向こうから涼やかな声が聞こえてきた。

すらっとした高身長に静かな佇《たたず》まい。糊《のり》の利いたワイシャツにグレーのネクタイが落ち着いた印象を醸し出し、ブラックのベストがスマートな雰囲気を演出している。年の頃は35～38歳といったところだろうか。どうやら、彼ひとりでお店を切り盛りしているようだ。

居酒屋というよりもラグジュアリーホテルのコンシェルジュを思わせる優雅な物腰に、一瞬目を奪われそうになりながら言った。

「私、近所なんですけれど、ここにこんなお店があるって、さっき気づいたんです」

「それは、それは、お気に召していただけたら嬉しいです」

さらっと軽やかに受け止めてくれる距離感が心地良い。気配りもばっちり。それでいて、存在は主張せずにいてくれるから、気を使わずにリラックスできる。

この人のこの感じ——何かに似てる……そうだ、昔ハマった少女漫画にでてくる青年の執事だ。お嬢様のことを誰よりも気遣い、ほどよい距離から見守っているあの感じ。漫画の中では、望んだタイミングで現れて必要なものをサッと用意したら、それ以上は干渉せずに放っておいてくれる執事が描かれていた。

あれ、憧れたなあ——そうだ、今日は、〝イケメン執事にお世話をされるお嬢様〟という設定に浸ってしまおう。殺伐とした日常に、少しの憩いの場を設けたっていいじゃないか。

そんなことをぼんやり思い浮かべていると、執事がビールを運んできて、カウンターにそっと置いた。

——そうそう、丁度飲みたい気分だったのよ。気が利くじゃない。

お嬢様の世界に浸りながら、キーンと冷えた黄金色の泡を喉に流し込む。ここ最近あった嫌な出来事も一緒に洗われていくように感じる。

手羽先のローストを頬張ると、口いっぱいに柚子胡椒の風味が広がってさらにお酒が進んでしまう。

執事にお勧めの日本酒を尋ねたところ「それでしたら、こちらはいかがでしょう？」と、すぐに澄んだ美声が返ってきた。そのやり取りがなんとも気分がよく、さらにフルーティで爽やかな味わいも手伝い、勧められるままどんどん飲み干してしまう。

少し酔ったのだろうか。お店の空間がぼんやりと揺らめいて、妄想と現実が曖昧になる心地になった。

「……ねえ、セバスチャン」

「――セバスチャン？　……お客様のご友人でしょうか？」

「あ、なんでもないのよ。『お客様』ってなんだか距離感あるなあ――そうだ、名前で呼んでくださる？　私、須藤まゆと言います」

一瞬、セバスチャン（執事）の表情に戸惑いが浮かんだように感じたが、何かを汲み取ってくれたのか、すぐに静かな微笑みで返してくれた。

「かしこまりました。まゆ様」

うわ〜。本当に漫画の世界に入り込んだみたい！　心のなかで興奮しながら、悩みを打ち明ける。

「聞いてくださるかしら。最近、本当に嫌なことばかりで……」

「いかがなされましたか？」

さすがセバスチャン、私の気持ちに寄り添ってくれるのね。

「もう、ずっとずっといいことなくて。仕事は楽しくないし、パワハラされるし、彼氏とも上手くいってないし、結婚だって決まらない。他にもあって……」

「いろいろと大変みたいですね……」

ああ……そうか。私は、こんな風にただ受け止めてくれる誰かが欲しかったんだ。こんなときは、余計なアドバイスとか変に乗っかってきて自分語りされたりするのは最悪なのよ。さすがは私のセバスチャン、よくわかってるじゃない。

「仕事でもプライベートでも辛いことばかり。全部が一気に来てしまった感じで、あれもこれも何もかも。いいところがひとつもないんです」

お酒のせいか、セバスチャンがなんでも受け止めてくれそうな空気でいてくれるからなのか、溜め込んでいたものがどんどん出てくる。

「私に何かいけないところでもあるんですか!? 直せるところがあったら直したいぐらいですよ」

「状況はよくわかりませんけれど、きっと、まゆ様は最善を尽くされているのでは、と思います」

「じゃあ、なんでこんな目にばかり遭わなきゃいけないんですか。何かに取り憑かれてるとか!?」

頭では、この人に怒りをぶつけたところで仕方ないことはわかっている。でも話しているうちにいろいろな感情が湧き上がり、思わず、感情的になってしまった。

「いろいろなことがあったのですね。ずいぶんと抱え込んでいらっしゃるということはわかりました――」

そう言ったあと一瞬ニヤリとして

「ま、それで取り憑かれているのかも知れないですけれどね」

と刺さるようなひと言をさらっと言う。

突然、セバスチャンにまで突き放される私。

「えええええ！　嫌ですよ！　もう私は終わりなんでしょうか!?　お祓いすればいいんですか？　神社にでも行けばいいんでしょうか!?」

アルコールで制御が利かずにまくし立てる私に、変わらない落ち着いた優しいトーンが返ってくる。

「ふふ……。取り憑かれているというより、余計なものをたくさん背負われているように感じます。それから、ずいぶんとご無理をされているのでは？」

「無理してます、無理してます！　なんでわかるんですか？」

もしかして、この人は人の心が読めるのだろうか。

「これまで、たくさんのお客様と接してきましたから……。表情や雰囲気でなんとなくわかってしまうのです」

「ああ、顔にでるほどやばいことになってるんですか――やっぱり、私、やばいんですか!?」

「それはございません。ご安心くださいませ。――ただ、元々のまゆ様とは違うのだろうということは感じました。それに関しても、『本来のご自分』を取り戻していかれることで、自然と問題も解消していくことでしょう」

他人事だと思って、わかったようなことを見透かしたように淡々と言う態度に、さっきまで頼もしいと感じていた余裕の表情まで、イライラさせられる原因になってくる。

「本来の自分？　数年前に流行った『ありのまま』ってやつですか？　服でも脱いで勝負すればいいんですか？　最近ちょっと飲みすぎて弛んでるんですけど、むしろそれがチャーミングとか魅力になるんですかね。それで、彼からも連絡が来るようになるっていうんですかねー？」

酔いも手伝ってか、澱《おり》のように沈んでいたここ最近の「あれこれ」が吹き出してきた。初対面の人と話していることなどいつの間にかすっかり忘れ、つい嫌味な言い回しになってしまう。

それに対して、相変わらず優雅な佇まいで受け答えが返ってくる。

「彼が連絡をくださるようになるということはお約束できません。――が、それすら気にならなくなるぐらいに状況は好転していくことは可能です」

「調子のいいこと言っちゃって。私が酔っ払いだと思って、からかってるんですかねえ。そういえば、あなたの名前は？　なんでそんなことが言えるんですか？」

つっかかる私に対して、冷静な答えが返ってくる。

「私の名前は、黒田秀人でございます。まゆ様――私、これでもたくさんのお客様を見てきているのです。お酒の席ですから普段よりも愚痴や悩み、それからプライベートや本音なども見えてしまいますし、そこから思わぬ形で人生が展開されていった方のエピソードなども何度も拝見しました」

「ふうん。大変いいご趣味をお持ちなんですねえ」

ついこんな言葉を口走ってしまう。そんな私に嫌な顔ひとつせず、かといって避けるわけでもない絶妙なバランスでずっと接し続けてくれることに、いつの間にかどこか安心感を抱き始めていた。

女性に備わっている「特別な力」

「まゆ様、そうやって見ていくうちに、面白いことに気づいたのです」

「面白いこと？」

「きっかけは、ある――印象的なお客様です。ぱっと目を引かれる方で、それはメイクやファッションというよりも、オーラがどこか違うのです。軽やかで明るくて、空気も変わってしまうようでした。何度も来店されているのですが、この方の悩みや愚痴を聞くことがないのです。この方は、普段からストレスといったものを、お感じになっていないのではと思うほどでした」

「そんな人がいるんですね。あやかりたい」

思わず、本音がポロッと漏れる。

「仕事で全国を飛び回っているとのことなので、お忙しいはずなのですが、いつも楽しそうで、趣味も遊びもなさっているようで――さらにこれが一番驚いたのですが、無理に何かを頑張っていることはないと仰っているのです。実際に、いつも自然体でイキイキとされていて、肩の力も抜けているご様子なのです」

「ふうん。バリバリしているタイプじゃないんだ。なんだか不思議な感じ」

「それで、ここからなのですが――」

秀人さんは何かを思い出すように、一瞬目を閉じた。

「他のお客様を見ているうちに、何名か同じような雰囲気をお持ちの方がいることに気づきました。そして――その方たちに共通しているものがあったのです」

「共通しているもの？」

「はい。**それはその方たちは皆さま『女性』であったのです**」

急に秀人さんの話に興味が湧いてくる。自由にストレスフリーの生活をしている人たちがいて、それが皆女性であるということなのだ。私の周りには、そんな人はいないし、出会ったこともない。

友達とはお互いに苦労話をして、自分だけが大変な思いをしているのではないということを確認して安心を確保する。誰かの彼氏の話を聞けば、そんな男はやめたほうがいいと「あなたのことを思って」という体で不安を煽り、連帯感を醸し出しつつもどこかで足を引っ張り合っている、そんな関係ばかりだ。

「気になった私は、その女性たちにインタビューを重ねていきました。すると、一般に言われている、人生や仕事が上手くいくというやり方ではない、むしろ真逆の形で人生を運ばれているということがわかりました」

「真逆の形？」

「はい。**そのときどきの気分に従い、気持ちが乗らなかったら、決めていたことでもあっさりと方向転換してしまう。何かを始めても飽きたら次にいく。好き嫌いで人を選んで、他人のことよりも自分の気持ちを大切にする……といった生き方です**」

聞いているとずいぶんと身勝手に感じる。どちらかといえば嫌悪感すらもある。でも、どこか羨ましいような気もする。

「うーん……その人たちは本当に上手くいっているのですか？」

そんなワガママ放題じゃ人が離れていくのでは、と疑問が浮かぶ。

「私もそう思ったのですが、お連れになっている方たちとも仲がよさそうですし、むしろ人間関係も良好そうなのです。それ以前に明らかに輝いていらっしゃるものですから……。そこで、私はお店にいらした他のお客様にもこの話をしてみたのです――すると、同じような生き方をすることで人生が好転されたという女性たちが、次から次へと出てこられたのです」

「男性には当てはまらなかったのでしょうか」

「それがどうも、男性の方はピンと来なかったり、『そんなバカな』と聞く耳をお持ちにならない方も多く……。そのうちにわかってきたことがあるのです」

秀人さんは、息を小さく吸い込む。

「**どうやら、女性には特別な力が備わっているようなのです。女性ならではの特質といったところでしょうか**」

いつしか秀人さんの話にすっかり心を奪われて、あれこれと想いを巡らせている自分がいる。男女の間で能力の違いがあるとは思ってはいない。個人の差はあるけれど仕事で特別負けているとは思わないし、頼らずに自立できるようにもしてきた。

でも、秀人さんの話を聞くと、女性と男性とではもしかしたら――何か違いがあるのかもしれない。

「女性ならでは……女性と男性では、上手くいくやり方が違うのでしょうか？」

「やり方というより『性質』に近いでしょうか。そしてわかってきたことは、私たちのなかには、女性的な性質と、男性的な性質があるということ。にもかかわらず、今の常識とされているものの多くが『男性的な性質』に合っているやり方だということです」

「女性なりの成功法則のようなものがある、ということなのでしょうか？」

「ふふ……その『成功』や『法則』という表現自体が、すでに男性的な性質によるものなのです。女性的な性質には『幸せ』や『ライフスタイル』といった表現が合っています」

「それ、なんとなくわかります！」

成功哲学やビジネス書などで「成功の法則」のような内容を読んでみたもののどこかしっくり来なかったのは、そういうことだったのか。

「たとえば、目標をハッキリ決めて、それを実現するために必要なものを洗い出して、達成するまでの計画を練って、強い決意のもと一貫性をもって続けていけば、ビジョンを実現できるというものがありますが、これは完全に『男性的な性質』に合っているものなのです。**『女性的な性質』は、常に変化をしているのが特徴です。あるとき目標を決めたとしても、次の週には全く違った方向を向く。つまり、目標そのものが移り変わっていくので、そのときそのときに合わせて変化させていくというほうが、より合っているのです**」

これまでモヤモヤしていたことが軽くなっていく。私も今まで何度か目標設定をしてみたものの途中で挫折したり、そもそも目標や具体的なビジョンといったものを思い浮かべようにもできないことのほうが多くて、自分はどこかダメなんじゃないのかな……と思っているところがあったのだ。

それが男性的なものであるなら、むしろ当然のことなのかもしれない。

「私、計画を立てても挫折することばかりで、なんで続かないんだろうって思っていました。男性的なやり方だったからなんですね」

「まゆ様が、**女性的な性質……『女性性』を活かすようになればなるほど、計画などは立てなくても、いえ、むしろ立てないほうが上手くいくようになりますよ**」

「そうなんですか!? でも、それって行き当たりばったりになったりしないんでしょうか？」

常に変化するのが女性的な性質とはいえ、計画を立てずに過ごしたらダメ人間になってしまいそうだ。そう思っていると、「まゆ様は、『ふと』『なんとなく』直感的にひらめいたことが当たったということは、ありませんか？」と秀人さんが投げかけてくる。

「あります。あのときにモヤモヤしていたことは、やっぱり合ってたんだとか」

「**女性性は、感覚で今必要なものをわかっていて、それに従っていくと、流れるように物事が運んでいくのです。**もしまゆ様が、よりご自身の感覚に沿って生きられるようになっていけば、今よりもずっと楽に、スムーズに、しかも想像以上のところへ導かれていくことができますよ」

そんな自分を想像するとワクワクする。

「そうなれたら嬉しいなあ」

と夢見心地で答えると、

「なれますよ！」

と力強く励ましてくれた。秀人さんにそう言われると、本当になれる気がしてくる。

「結果」のために頑張ると「男性化」する⁉

秀人さんは続けて言った。

「その前にまず、今のようになっていったきっかけを知りたいのですが、心当たりはあるのでしょうか？」

「ええと……新しい上司が来てからです。女性の上司なんですけれど、かなりキツイ性格で、だんだん仕事が楽しくなくなってきてしまって……」

仕事のことを考えると一気に暗くなる。

「何かあったのでしょうか？」

「すごいネチネチしてるんですよー。いつも私のことを『ここの仕事は、あなたがいなければ、回らなくなるわ』と持ち上げて、事あるごとに異常なほど褒めていたんです。それがある日を境に、仕事が回って来なくなって……。実は、その上司が周りに『あの子に任せるとミスばかりするから、やめたほうがいい』って言い回ってたらしいんです」

「それは、ひどい話ですね。さぞ、お辛かったでしょう」

秀人さんが共感してくれるだけでずいぶん慰められる。

「直接、言ってくれたのなら対応もできたのでしょうけど、裏で手を回されてたなんて……。心配してくれた同僚が教えてくれたからわかったんですけど、どうも私が彼女にとって気に障ることを言ったのがきっかけだったらしくて」

「気に触ること……？」

「『自立して活躍してるってカッコいいですよね』って飲みの席で話したらしいんですけど、それが彼女にとっては結婚相手が見つからないお局様のようだと、嫌味と捉えられたみたいで」

思わぬ地雷を踏んでしまったのだ。

「褒め言葉だったのに、誤解されてしまったのですね」

「周りも変に気を使ってギクシャクするし、最悪なんですよ。それで私、絶対にその上司に負けたくないからと、仕事で有無を言わせない結果を出そうと頑張ってたんですけど、最近ではやる気がなくなってしまって……。家にいるとぼーっとしていることが増えてるんです」

「なんと……お気持ちお察しします」

あー秀人さんはやっぱりセバスチャンだ。このお店に来てよかった。

「ところでまゆ様、ご自分のお時間をとることはできていらっしゃるのでしょうか？」

と秀人さんから質問される。

「ほとんどできていないですね」

「このままだと、どんどん『男性性』に偏っていくことになるでしょう」

「なぜですか？」

「**結果のために何かをしようとするのが、男性性の特徴だからです。**自分のことを後回しにして、やりたいことや日常を疎かにしてしまうと、ますますそうなっていきます」

今だって女性らしさが薄れている自覚があるのに、さらに男性性に偏っていったら、結婚どころではないじゃないか。秀人さんの話を聞いて、急に焦りが出てきた。

「偏っていったら、どうなってしまうのでしょう？」

「ボロボロになってしまい、健康を損ねて、心身ともに疲れ果ててしまいます。さらに、自分を必要以上に追い詰めてしまって、それでもどんどん結果を出さないと……という悪循環にハマってしまうのです」

「私、そうなりかけてます……。実は、最近眠れなくって病院に行ったら、自律神経系の病気と言われてしまって……」

「もう、頑張れないというサインではないのでしょうか？」

「そうなんです。自分でもどこかわかっていたんです。男の人のようにはバリバリできないって……。秀人さん、私、私もう限界なんです。もう20代の頃のように頑張れないし、意地を張ることもできない。このままひとりで過ごす不安にも耐えきれないし、話を聞いてくれる人もいない――」

20代の頃、失恋をきっかけにして、恋愛よりも人生経験を増やしてキャリアアップを優先しようと決めた。自分をどんどん磨いていけば、自分にふさわしい人は自然と現れるに違いないと思って生きてきた。

学生時代の友人たちと再会すると、当時は地味で目立たなかった子が、ことごとく結婚していく。「なぜ、あの子が？」「私のほうがイケてるのに！」と内心思ってしまう自分も惨めで、何がいけないんだろう、女としてどこか欠陥があるのかと思うようになってきた。

30歳を過ぎたが、「結婚したい」という人は今だに現れない。20代の頃付き合った、唯一結婚したいと思った相手にはフラれてしまって、以降は本気でそう思えるような出会いもなく、次第に焦りばかりが募るようになってきた。

パーティで知り合った外資系の彼は忙しすぎてたまにしか会えないし、連絡すらほとんどない。


「男の人に負けないように、自分でも自立して、仕事に打ち込んできたし、美容だって手を抜かなかったし、英会話とかクッキングスクールにも通って、ずっとずっと自分を磨いてきました。でも……」

「でも？」

「結局、何かが全部ズレてるんです」

そこまで言うと、涙が堰《せき》を切ったように溢れてくる。お店の中なのに子供のようにおいおい泣きじゃくった。

幸いなことに、他にお客さんはいない。秀人さんは、そんな私のことを包み込むような優しいまなざしで見守ってくれている。

しばらく泣いていたら、スッキリとしてきた。さっきまでのモヤモヤしたものがなんだか晴れたようだ。

「まゆ様、おめでとうございます」

「え!? 何がですか？」

「まゆ様は、ご自身の声を受け止められたのです。もう無理で限界だという声を。これまで負けないように、歯を食いしばって生きてこられたのではないでしょうか？」

「……………………」

どん底にいるのに祝福されるとは……。しばらく頭が混乱する。

「それらは、全て悪いということではありません。ですが、内なる声を無視し続けていると、いつしか自分のデッドラインを超えてしまうものなのです。**そして……今日は、まゆ様は、ご自分と繋がるきっかけができました。これは、女性性が開花していく第一歩なのです**」

「え、え、え、そうなんですか!?」

「ふふ……今日はぐっすりお眠りください。まずは、空っぽになることが大切です。それから――」

秀人さんは、寸秒、間を置く。

「ここから、運の巡りをよくしていく方法があるのですが、お知りになりたいでしょうか？」

「知りたいです！」

「では、朝起きてから、やってみたいと思い浮かんだことを、すぐに行動に移してください」

「明日の朝、ですか？」

「はい。**溜め込んだものを吐き出した後に出てきたやりたいこととは、まゆ様の女**

性性が望んでいることです。これには、魔法のような力があって、そこからの流れは、まゆ様が無意識のうちに望んでいる方向へ導いてくれることでしょう」

なんだか面白そうだ。

「へえ、そうなんですね。浮かんだことですね。やってみます！」

work

流れをよくする「浮かんだことを行動に移すワーク」

★朝起きて、「やってみたい」と思い浮かんだことはなんでしょうか？

★それを行動に移しましょう（どんな些細なことでも構いません。たとえば、アイシャドウの色を変える、好きな音楽をかけながら仕事に行く準備をする、今日はお弁当を作らずデリで総菜を買うなど）。

女性は、流れに乗って「自分らしく」生きるのが得意

本来、女性性は流れに乗るのが得意で、物事をうまく運べるもの。でも、溜め込んでしまうと、女性性がうまく働いてくれなくなります。そうして溜め込むうちに、「自分はどうしたいのか」といった自分の本音が見えなくなってしまうのです。すると、自分らしさがわからなくなるので、自分らしくない流れに乗っていても気づけなくなってしまい、上手くいかない出来事ばかりが起こるようになっているのです。

男性に受け止めてもらいながら自分の声を知る

女性性は、繋がりを大切にする性質を持っています。そのため、「わかってほしい」と男性に共感を求めがちですが、男性性は共感力が低いので、なかなか女性が思うようにはならないでしょう。その代わり、女性に理不尽にキレられても、受け止めることができる器を備えています。つま

り、女性は溜め込まずに男性にぶつけるプロセスを通じて、自分で自分の声を聴けるようになるのです。男性と繋がることを期待するよりも、自分と繋がることを意識すると、パートナーシップも良好になるでしょう。

男性にキレたときは「私がキレたのは、ただの八つ当たりだったの。受け止めてくれてありがとう」と伝えておくとバッチリですよ。

本音は、溜め込まず吐き出すことでわかるようになる

女性性は溜め込みやすい性質があるので、我慢しないで吐き出すことが大切です。すると自分の本音がわかるようになって、今すればいいことも自然と見えてくるようになるのです。吐き出したことを受け止めてもらえる経験をすると、その人への愛情が湧いてくるはずです。

その場合は、「嬉しかった」「度量の広い人だと思った」など、後からでもいいので、気持ちを伝えましょう。こうして自分の思ったことを素直に伝えることで、相手はますます受け止めてくれるようになるんですよ。

心地良さを運んでくる「自分のための時間」

このところなかった目覚めのよさで朝を迎える。パッと身体を起こし布団から出たのはいつ以来だろう。羽が生えたように軽い。こんな感覚は久しぶりだ。

そういえば、ここ最近ずっと仕事に追われて、会社とベッドを往復するような生活をしていたな……。久々にゆっくりモーニングでも食べたいな――その瞬間、昨日の秀人さんの会話が蘇る。

――朝起きてから、やってみたいと思い浮かんだことを、すぐに行動に移してください――

そうだ、前から気になっていたあそこのカフェに行ってみよう。半年前に近所にオープンして、グルメサイトでも話題になったお店だ。

会社に行く準備をしながら、「自分のための時間」をしばらく取っていなかったこと、そして、プライベートで食事に行くときですら、無意識のうちに彼の好みかどうかを選ぶ基準に入れていたことに気づく。

朝食をとらない分、いつもより40分ほど早めに家を出て、近所のカフェに向かった。

カフェに向かう足取りとウキウキした感覚が一体化している。相手を楽しませるために気にかけながらお店に向かうのとは全く違う、私のために用意した場所――。ドアを開けると、壁から天井までウッドでしつらえた暖かみのある空間に、アンティークのテーブルや家具が落ち着きをもたらしている。黒板に描かれたイラストや、ところどころに飾られている小物のカラーが空間にアクセントを与えていて、前向きな気分になる。

朝からにぎわっていたが、すんなりと席に通された。ちょうど、私の座ったところで満席となる。ツイてるではないか。

大勢の人がモーニングを食べているが、この店にいる人たちは誰も私のことには関心がない。いつも誰かに気を使って、どこか気を張っているけれど、ここでは私ひとりの空間に浸ることができる。

　さっそく、注文したパンケーキが運ばれてきた。泡立てた石鹸のようにふわふわだ。とろ～っと溶けたバターがのった黄金色に焼けた生地にメイプルシロップをかけると、なんともいえない甘い匂いが鼻腔を気持ちよくくすぐる。

口にした瞬間、広がっていくじわっとした感触に思わずため息が溢れる。

なんて幸せなんだろう。こんな気持ちをすっかり忘れていたことに気づく。

そういえば、彼と付き合う前は新しいお店をよく発掘していたな。

そんな気分に浸っていると、メッセージの着信音が鳴る。彼からだ。やっと返信が来た。仕事が忙しくてメッセンジャーを開く余裕がなかったらしい。

でも、なぜ朝になったんだろう。彼からの連絡を嬉しく思う半面、疑問が浮かぶ。他の誰かといたんじゃないのか、好きな人でもできたのだろうか、私のことなんて実は遊びなんじゃないのか、私の知らない誰かと笑顔の彼……次々とネガティブなことばかりが頭に浮かんでくる。

——仕事の合間だって、ひと言ぐらい入れることできるよね。

そう入力しかけて、手が止まる。

いつもだったら気持ちが抑えられなくて、そのまま思った言葉を投げつけてしまい、気まずくなってしまうところだけど、今日は少し心に余裕があるからか、一旦踏みとどまれた。

それでも、お店を出てからもモヤモヤは収まらず、イヤな妄想が膨らんでいく。待ち望んでいたはずの連絡なのに、むしろ不満が多くなってしまう。メッセージにかかる手間なんて数秒じゃない。なんでその程度のことすらしてくれないのだろう。私なんて、そんな存在なのかな。

その日は一日中気分が晴れず、仕事も上の空だった。

漫然としたまま帰路につく。気がついたら、あの店の前にいた。

彼から連絡が来なくなる理由

「いかがでしたか？」

「ええ……久しぶりに朝からカフェでご飯を食べて、ゆったりして。こんな時間の過ごし方、すっかり忘れていたな、ということを思い出しました」

サーモンのカルパッチョを味わいながら、ビールを喉に流し込む。

「それはいいですね。女性性にとって、居心地の良い空間というのは大切なのです。それによって、本来お持ちになっている感性や感覚が蘇っていくからです」

「ええ、でも……」

「どうかなさいましたか？」

彼からメッセージがやっと来たことを話す。それから、気になって何も手につかなくなってしまったことも。

「――まだ、返信してないんですけど、モヤモヤしてしまって……」

「まゆ様、彼に好かれるために、努力をなさってはいないでしょうか？」

「え!?　どういうことですか？」

秀人さんの思わぬ言葉に驚く。彼に好かれるために自分を変えなければ、恋愛などと上手くいくわけがないのに……。

「彼に好かれようとする。彼好みの女になろうとする。こうなればなるほど、あなたのなかは『彼』で埋め尽くされることになってしまうでしょう」

たしかに心当たりがある。

「そうなんです。私、付き合うと、いつも彼のことで頭の中がいっぱいになってしまうんです」

「それで、あなたは彼の反応が欲しくなる。いつも彼で埋め尽くされているからいつも彼からは連絡が来ない。……。ふふふふふふふ」

「そ、そんな意地悪なこと言わないでくださいよ！　私、恋愛モードになると全部彼になっちゃうんです。どうしたらいいんですか」

「まゆ様はとても勿体ないことをなさっています。彼にとっての魅力をお下げになっています。**『彼のため』が増えれば増えるほど、自分を失ってしまうことになってしまうからです。**そうなればなるほど、彼は連絡を取るのが億劫になっていくことでしょう」

「いつもいつもそのパターンなんです。『お前は重い』って言われてしまうんです」

過去の苦々しい思い出が蘇ってきた。

料理の仕込みをしながら、一瞬こちらを向いて秀人さんは投げかけてくる。

「男性性にとって価値のあるものって、何かおわかりになりますか？」

「なんだろう……。かわいいこと？　癒されること？　家庭的だとか!?」

「それも魅力ではありますが、全て表面的なことですよね」

表面的？　男性にとって、好きな女性の条件ってそういうところじゃないの？

と反発心が湧く。

「**男性性にとって価値あるもの――それは『今の自分では、手に入らないもの』なのです**」

そんなこと、考えたこともなかった。思わぬ答えにしばし言葉を失う。

「私、自分から『彼好みの女』になろうとしてました」

メイクも、ファッションも、彼が好きなタイプを意識してきたし、サッカーが趣味の彼に話を合わせられるように、テレビで観戦したりするようになっていた。

「男性からすると、手に入れたいと感じるから惹かれるのであって、彼に合わせるということは、その機会を奪うようなもの。そうなったら彼の興味は薄まっていくことになることでしょう」

自分らしくいたほうが、むしろ彼は惹かれるってことだろうか。でも――過去の失恋体験からだろうか。恋人というのは、ある日突然いなくなってしまう。そんな不安を私はいつからか感じるようになってしまって、つい相手から好かれるようにするためにはどうすればいいか、ということばかり気にするようになってしまっていた。

「シンデレラをご存じでしょう。舞踏会に華やかな姿で現れる。彼女がしたことはそれだけです。すると、王子が彼女に声をかけます。次に彼女がしたこと。それは、12時の鐘が鳴ったとき姿を消したのです。今度は、王子は国中を回ってまで彼女を探し求めて、プロポーズをしたのです」

「私も、追いかけてほしいです！」

「追いかけさせてあげるのです。目の前に現れて、気まぐれに去っていく。放っておいたら、もしかしたらこの人は他へ行ってしまうかも。そんな風に感じさせれば、彼は世界のどこまでもあなたのことを求めるでしょう」

そんなことができるだろうか。

付き合う前だったら、相手から連絡が来たり、積極的にデートの誘いがあったりはする。でも、いざ恋人という関係になると、毎度のように、私が彼のことを追いかけるパターンになってしまう。

「いつも付き合ってからは放置されちゃうんです。私、魅力がないんでしょうか」

「まゆ様、彼のことを優先するようになってしまってはいないでしょうか？　そうなればなるほど、まゆ様は彼からは優先されなくなるのです」

「え!?　どういうことでしょう？」

「あなたがご自身を扱うように、世界もあなたを扱います。まず、ご自身を最優先に大切に扱うことで、他からも大切に扱われるようになるのです。もちろん彼からもです」

「選ぶ女」が選ばれる

昔から、好きになればなるほど、全てが彼になってしまうところがある。そして、そうなればなるほどに、彼のほうから距離が離れていく。

「私、自分でも、それではいけないとどこかで思っていたんです」

「まゆ様は、無意識のうちに、好きな男性に選んでもらえる女性になろうとしておられないでしょうか？」

「え!?　『選ばれる女』になりたいですけれど……ダメですか？」

誰だって、「選ばれる女」になりたいだろう。

「『選ばれる』のではないのです。選ばせてあげるのです。そして、『選ぶ女性』が、実際にそうなることができるのです」

「私が選ぶってことですか？」

「ご自分の気持ちに従うことが、いつでも選べるということなのです。少しでも嫌なら嫌を選んでいいですし、好きなら、好きを選んでもよろしいのです」

「相手の気持ちじゃなくて、自分の気持ちを選ぶんですね……」

いつも相手にどう思われるかに意識がいってしまい、自分の気持ちは見ていなかったことに気づく。

「あなたが、ご自身のお気持ちを選び続ける限りは、誰もあなたのことを手に入れることはできません。だから何度でも、彼はあなたを欲しくなるのです」

「私、付き合ったら彼にいつも振り回されていました」

「振り回すぐらいで丁度いいのです。少年漫画のヒロインってみんな気まぐれでしょう？」

「そういえば……！」

「手に入りそうで入らない。そうなったと思ったらスルリとすり抜けてしまう。そんなところに男性性は惹かれてしまうのです」

「シンデレラが12時にいなくなってしまったように、ですね」

彼を振り回すくらい自分の気持ちに忠実になるなんて発想をしたことはなかっ

た。まさに真逆をやっていたのだ。

「そのときどきで、変化し続けるのが女性性。だから今日は大好きだけど明日は大嫌い……になっているかもしれない。そのぐらいでもいいのです。そのとき、そのときのあなたのお気持ちに素直に従ってみてください。彼にとっては、油断してるとあなたがいなくなってしまうかもしれない、という存在になります。そのほうが掻き立てられるのです」

「自由でいいんですね」

「自由になればなるほど、あなたの魅力で彼は虜になるでしょう」

そう言うと、秀人さんは何か思いついたような表情で、「今の彼と出会う前になさっていたことなどはございませんか？」とたずねた。

「どういうことですか？」

「彼とお付き合いをするようになってから、優先順位が『彼』になってはいないでしょうか？　ライフスタイルを変えたりしていないでしょうか？」

そういえば、気に入ったカフェに行くのも、映画を観に行くのも、家でゴロゴロしているのも好きだった。

「はい。今朝のカフェもそうですけど、彼と一緒に楽しめないものは、そういえばやらなくなってます」

「彼と出会う前と同じ生活を取り戻してください。彼は関係なく、まゆ様が好きなことを楽しむのです」

彼ができるとなぜかひとりが虚しく感じられて、ひとりで楽しむということをすっかり忘れていた。秀人さんの言う通り、彼と付き合う前の生活を取り戻してみよう。

「わかりました。やってみます」

「それから、今週はまゆ様から彼に連絡はしないでください。彼からデートに誘われても、『仕事が忙しい』と言って断るのです」

「え！　デートも断るんですか？」

「そうです。とにかく申し上げた通りにやってみてください。面白いことが起こりますから」

そう言うと、秀人さんはニヤリとして、店の奥に行ってしまった。

work

自分のペースを取り戻す「ライフスタイルを回復するワーク」

★彼と出会う前に、自分が好きでよくしていたことはなんでしょうか？

★思い出したことをやってみましょう（このワークの間は、誰かのお誘いがあっても、自分がやりたいことを優先してください）。

※彼のことで頭がいっぱいになってしまうときは、次のワークも併せてやってみてください。

★1週間は自分から彼に連絡しないと決めてください（彼からの連絡に返信するのはOK）。

★彼からデートに誘われたら、「仕事が忙しい」などの理由で断ってください。

Onepoint Lesson

秀人さんのワンポイントレッスン②

女性は、自分の気持ちがわからなくなると変化を楽しめなくなる

女性性は、そのときどきで変化しながらも、それを楽しむことすらできるものなのです。でも、自分の気持ちがわからず迷っているときは、変化することに不安を感じることになるでしょう。そういうとき、「自分はこのままでいいのだろうか」「何ひとつ身についていない気がする」「腰を据えられていない」など心細くなり、いろいろなものに手を出したり、振り回されたりしてしまうのです。

男性性に繋がると「大丈夫な未来」を感じられる

男性性は困難な状況であればあるほど燃える側面があります。「自分ならこれを超えられる」という確証を得たいので、困難な状況を切り抜けた先の未来を無意識に描こうとします。つまり、男性性はどこかで「未来は大丈夫」であることを確信しています。女性は共感能力が高いので、男性

性を信頼すればするほど、「大丈夫な未来」に繋がることができるのです。

ちなみに、男性はいざとなったら助けるつもりでいます。そういう意味で、「愛する存在を見守る」のが男性性でもあるのですよ。

オリジナルの魅力は、今必要なものを拾っていった先に現れる

変化することに不安になっている女性性を前に進ませるのは、男性性の「このまま進んでも大丈夫」という未来への確信です。その感覚を信頼できるようになると、周りを気にせず自分の想いを信じて、自分の感性で動けるようになるものです。女性は「なんとなくそう思う」という勘が働く人が多いように、女性性は無意識のうちに今必要なものを拾う性質があります。そして、必要なものを得ると「次」に意識が向かっていきます。こうして、必要なものを次々と得ていくことで、あるタイミングで、それまでバラバラだと思っていたものがまとまっていき、後から繋がるのです。それが「オリジナルの魅力」になっていくのですよ。

「好きなこと」から始めると流れに乗れる

今日は、女性誌の特集に載っていたサラダプレートが充実しているビストロだ。ここ1週間は、気になったお店をチェックして、毎朝モーニングを食べてから出勤する生活を満喫している。朝から好きなことをすると、一日中気分もよく、仕事も前向きな気分で取り組めるから不思議だ。

この前の日曜日は、朝起きてからパジャマのまま、家で好きなだけゴロゴロしていた。恋人がいないときはそれが普通だった。でも、彼と付き合うようになってから、会えない週末は寂しさを紛らわすために、無理やり予定を入れていた。身体をゆっくり休ませることは久しぶりで、リフレッシュしている自分に気づく。

ひとりで楽しむのも悪くないな、と思い始めた頃、彼からデートの誘いのメッほどセージが来た。いつも自分から「会いたい」と言っていたので、内心飛び上がるほど嬉しかった。でも、秀人さんと「彼からデートに誘われても、『仕事が忙しい』と言って断る」と約束している。本当は今すぐにでも会いたかったが、その気持ちを我慢し、泣く泣く「仕事で会えない」と返信した。

こうして自分からは彼に連絡を取らないようにしていたところ、彼からメッセージが一日に1回は入るようになった。そんなことは、付き合い始めた当初以来だ。やっぱり、追いかけられるのは気持ちいい。彼のことで頭がいっぱいだった状態に少し余白ができて、なんとなく気持ちに余裕ができている自分を感じていた。

一方で、彼と会わなくなるとどんどん部屋が荒れていく。

そもそも掃除や洗濯、料理など家事全般が苦手だが、彼と付き合い始めて彼が家に来ることも多くなり、部屋を片付けるようにしていた。

でも、彼と会わない日が続くと、いつもの自分に戻っていく。朝起きてソファーの上に脱ぎちらかした服が散乱しているのを目にすると、「お前は女として終わっている」と言われているような気持ちになる。結婚願望は人一倍あるのに、これでいいのだろうか。こんな生活、彼には絶対に見せられない。

「幸せで自由な女性」に惹かれる男

「私、そのままだとだらしないし部屋は汚いし、料理なんてほぼコンビニなんです」

お店に来て心のモヤモヤを秀人さんに訴えるのが、もはや日課になっている。秀人さんに話すと気持ちが落ち着く。

「それのどこに問題があるのでしょう？」

「ダメじゃないんですか？　結局、男の人って家庭的な女性と結婚したいと思ってるじゃないですか？」

秀人さんはちょっと考えた後、こう切り出した。

「まゆ様は、掃除や料理がお好きなんでしょうか？」

「う――ん。好きじゃないし……面倒ですね」

「それでしたら、無理してまでおやりにならないほうがよろしいでしょう」

そこまで甘やかされると、ちょっと不安になる。

「え、え……でもでも、今のままでは……」

「もし、あなたが掃除や料理ができるとお相手になる方が思ってしまった場合には、それをすることが当たり前となってしまいますよ」

「う……や、やりますよ！」

「毎日毎日……10年、20年、30年続けるのでしょうか？　苦手なことや面倒なことを。毎日毎日ですよ。そればっかりやってる生活ですよ。朝も晩もずっとですよ」

「胸がつまってきます……」

我慢し続ける自分を想像したら気分が悪くなる。

「ですから、**初めから取り繕わなければよろしいのです。それ以上に、出来るようにならないほうがむしろよいのです**」

そうはいっても、掃除も料理もしない女性を妻にしたいと思う男性はいないだろう。

「それじゃ、貰《もら》い手が現れないんじゃ」

「ご安心くださいませ。**男性性の性質からいけば、『家事が上手な女性』と一緒に**

なりたいわけではなく、『幸せ上手な女性』と一緒に過ごしたいのです」

「どういうことですか？」

子供の頃から母に「女性は男性に尽くしてこそ、立派な妻になれるのよ」と聞かされてきた。だから、家事が上手であればあるほど、男性も喜ぶと思っていた。

「男性性がもっている潜在的な望み……それは、『愛する人を幸せにしたい』のです」

「え!?　尽くされたいのが男性なんじゃ？」

「それ以上に『愛する存在を幸せにしている』という実感を求めているのですよ」

そう言われてもピンとこない。父に尽くしてきた母は、親戚中から「良妻賢母」と言われていて、そんな母に、父もまんざらでもない顔をしていたからだ。

「そうなんですか？　そんな男性、いるのかな……」

「ほとんどの男性は、無意識でそう思われています。ですが、気づいていない方も非常に多い」

「気づいていない？」

「はい。多くの男性にとっては自分の夢や野望を叶えることが大切で、そこへエネルギーを注いでいる方は多いですから……」

秀人さんの言葉に、いつも仕事を優先する彼の顔が浮かぶ。

「そうなんです！　彼なんて仕事ばかりで私のことなんてどうでもいいんです」

「あなたがご自身の女性性に素直になれば、彼はあなたを手放せなくなるでしょう。放っておくことなんてできなくなるはずですよ」

「ええー。信じられないです。だって、何度もメッセージが欲しいと言ってもちっとも聞いてくれなかったんですよ……。そもそも女性性ってなんですか？」

「ふふふ。女性性……**それは気まぐれで、ワガママで、自分のことを愛してほしくて、注目してほしくて、放っておかれたくない……**ということになるでしょうか」

コロコロ意見を変えておきながら、自分の都合のいいように甘える女性。そういう女性を見ると、なぜか腹が立つ。

「それ、私の一番嫌いなタイプですよ」

「**女性性の質は自由なのです。そのとき、そのときの流れで移り変わって変化していく……だからコントロールできないし制御できない。予想もできないから、男性**

性は惹かれるのです」

「苦手だなぁ」

「だから、あなたは『きちんとできる』という振る舞いをされているのですね。仕事も完璧にできてソツなくなんでもこなせて、他人に頼らなくても生きていける。それは男性性の本能からすると『愛するスキがない』って感じるのですよ」

「どうせ、私は可愛くないですよ」

「拗ねていらっしゃるのでしょうか？　まあ、仕事もできて、プライベートも充実しているフリをこのままお続けになるのもよろしいでしょう。実際には『愛されないオンナの道』をただただ、突き進んでいるだけなのかもしれませんがね」

意地悪な笑みを浮かべる。

「えええええ！　嫌です！」

「よろしいのではないでしょうか？　このまま誰も愛してくれない。誰も見てくれない。一緒になんていてくれない」

「うわぁ――ん。意地悪言わないでくださいよー。どうしたらいいんですか？」

助けてと言わんばかりに、秀人さんに泣きついた。

尽くさせてあげるオンナが愛される

「まず、『尽くす』という発想をおやめになるのです」

「尽くすオンナが愛されるんじゃないんですか？」

「**真逆です。尽くさせてあげるオンナが愛されるのです**」

尽くさせてあげるオンナ？？　頭の中が混乱する。

「ど、ど、ど、どういうことでしょう？」

「言い方を変えましょう。幸せになってくれる女性に、男性は惹かれるのです」

「幸せになってくれる？」

「**男性性が深いところで求めていることは、相手を幸せにしている実感です。**そして、パートナーが幸せでいてくれれば、自分がその状況をつくれていると感じます。それは、彼にとって自信の根っこになるのです」

彼と付き合ってからのことを思い返してみると、「なんでもっと連絡をくれないの？」「もっと会いたいのに……」と拗ねてばかりだ。これでは、彼は私と一緒にいても、私を幸せにしている実感は得られなくて当たり前かもしれない。

「ええと、私が幸せだと相手の自信になるのでしょうか？」

「はい。確実に。あなたが幸せだということは、全て相手の頭の中で都合よく変換されていくのです。『そうか、オレはこんなに幸せにする力が高いんだ！』とね」

子供ならまだしも、いい大人がそんな勘違いをするのだろうか。

「男性性は、『現実』で判断します。**現実の世界で、相手が幸せであるならばそれが何よりの証拠になるのです。ですので、あなたが幸せでいることは彼を幸せにしてしまうのです**」

「ということは、まず、私が幸せになることを優先する……？」

「ご名答！　その通りでございます。まず初めに、ご自身の幸せを優先してくださいませ。そのために『相手に尽くす』、つまりは相手の顔色を窺うことを手放す必要があるのです」

彼よりも自分の幸せのほうを優先するなんて、正直考えたことがなかった。

「そ……そっか！　私、彼を前にすると自分を見失っていました。ていうか、歴代彼氏にみんなそうなってました！」

「彼も、あなたがイキイキして楽しそうならそこに惹かれることでしょう。そして、そのあなたと合わないということは、いずれにせよ、結婚をしても上手くいかないことになるでしょう」

「私の幸せを喜んでくれない相手といると、私がその人に合わせてしまって、結局ストレスが溜まってしまうってことですね？」

「はい。さすがにご理解が早い。まず、結婚や恋愛などと関係なく幸せでいること、それはとても大切なことです。**最初にあなたがパートナーシップを結ぶのは、あなた自身なのです**」

「私が、まず私を幸せにするということですね？」

「その通りでございます。**あなたの内なるパートナーシップが外側にも反映するのです**」

今更ながら、自分を幸せにすることを置き去りにして、彼に愛される女になることばかり目指していた自分に気づく。

「私、男性といるとき、完全に自分のことが後回しになってました」

「男性は相手のことを幸せにしたいもの。ですが、あなたがご自身の幸せを見失ってしまっているならば、相手の方もどうすればいいのか見失ってしまうのですよ。ですから、まず、**あなたがご自身の幸せを掴むことです。すると、相手の方へ『私を幸せにする方法』をお伝えできるようになるのです**」

「私、『幸せにしてもらう』ことばかり考えてました。それも、なんでわかってもらえないんだろう、伝わらないんだろうって思ってました」

そこまで言うと、秀人さんは、少しだけ悪戯な笑みを浮かべる。

「まゆ様、彼にとって『特別な女性』になりたいでしょうか？」

「特別な女性！　なりたいです！」

思わず、身を乗り出してしまう。

「よろしい。それでは、これから1週間、『自分の好き』に集中なさってください」

「自分の好き？」

「『彼のこと』ではなく『自分のこと』を中心にしてください」

「それって、デートをするとか、メッセージのやり取りをするとか、そういうこともダメですか？」

「ダメです。それは『自分の好き』とは違います。彼がいてもいなくても関係なく、自分がしたいことをするのです。そうやって、まずは、このまま自分を満たすことをどんどんお続けください。彼からデートに誘われたら、『行きたい』と思ったときだけ、乗るようにしてくださいね」

work

感覚を整える「嫌なことはやめて、やりたいことをするワーク」

★１週間、嫌だと感じたことや迷ったことをやめてみてください（どうしても難しい場合には、「自分はこれをすることが嫌なんだな」ということをしっかり味わいながらやってください）。

★自分の好きなこと、いいなと感じたことがあれば、打算や損得勘定を考えず積極的にやってください。

Onepoint Lesson

秀人さんのワンポイントレッスン ③

相手に尽くすほど自分を見失う

女性性は、枠に囚われない自由かつ柔軟さを持ち、軽やかさが特徴です。また、「幸せでいたい」という性質があるため、女性は幸せに対する感受性も豊かです。ですから、自分を幸せにするために何が必要か、本来は感覚でわかっているものなのです。

ところが、大人になる過程で周囲に配慮するあまり、顔色を窺って生きてしまうこともあるでしょう。そこに囚われてしまうと「相手に尽くそう」としてしまうのです。「誰かのために」と尽くすほど、自分を見失っていくのです。

男性は、相手を幸せにすることに喜びを感じる

男性性は、自分の言動を通じて相手が成長したり、笑顔になったり、幸せを感じていたりするなど、他人がよりよくなることへ喜びを感じる性質

があります。誰かの役に立っているという実感が、自信に繋がる生き物なのです。

ですから、一緒にいる相手が幸せそうだったら、「自分は相手を幸せにできている」と嬉しくなるのですよ。

女性が嬉しさを表現するほど、男性は女性に尽くしたくなる

男性がもっともっと幸せにしたくなる女性、それは「幸せ上手な女性」です。男性は基本、相手のために役立ちたい性質があるので、自分がしたことで相手が幸せになってくれたら、その努力が報われたと感じるからです。女性は、嬉しいときは思い切り喜びを表現すると、男性はさらに女性を幸せにしたいと思うようになるでしょう。

受け取り上手だったり、素直に喜びを表現したりする女性であれば、自分から頼まなくても、男性自ら彼女が喜ぶことを研究してどんどん尽くしたくなるものなんです。

「好き」に従うと、楽しんでいる自分に出会える

久々に、学生時代からの親友に連絡をして食事の約束を入れた。彼ができてからというもの、いつでも彼の誘いに乗れるようにと、女友達との約束を控えていたのだ。彼の仕事が忙しくてなかなか会えないからこそ、デートの誘いがあったら絶対に断りたくなかったからだ。

でも、秀人さんと「1週間は『自分の好き』に集中する」約束をしたことで、女友達と会ってみようと思った。友達と話していると、彼と会えない寂しさも忘れ、楽しい時間が過ぎていった。

また、映画をひとりで観に行くことも再開した。映画は好きでこまめにチェックしては観に行くほうだった。けれど、彼ができてからというもの、ふたりで観たいという気持ちが勝り、ひとりで映画を観ることをやめていたのだ。

こうして「自分の好き」に従って行動していると、彼と一緒でなくてもけっこう楽しめる自分に気づいた。以前は、全部彼のためにあけていたスケジュール。それを自分のために使えることに心地良さを感じていた。

そんなとき、彼からのメッセージが入った。

――まゆ、今度の土曜日、空いてる？

久しぶりに休みをとれそうだから、どこか食事にでも行かない？――

すぐに秀人さんの言葉が浮かんだ。

――彼からデートに誘われたら、『行きたい』と思ったときだけ、乗るようにしてくださいね――

自分の心に聞いてみる。「本当に、彼とデートしたい？」。

答えは文句なく「YES」だ。やっぱり彼のことが好きなんだ。会いたい気持ちを止めることはできない。そして、すぐに返信した。

――予定空けとくね！――

久しぶりに会った彼は、どれだけ私のことが大切なのか、そして普段はどれだけ忙しいのか、今日を頑張って空けてきたのかを語った。秀人さんの言う通り「特別な女」として扱われているようだ。でも、どこか釈然としない。

海岸沿いのレストランから見える防波堤に、ゆりかもめが1羽とまっている。たしか、渡り鳥だったよな。どこから来たのだろう……とぼーっと考えていると、

「まゆ、聞いてる？」

と彼からの突っ込みが入る。

「聞いてるよ。会社で部長に褒められたって話でしょ」

「そうそう、同期のなかでオレだけ呼ばれて褒められたんだ。そしたら、なんだか同期の奴らが急に冷たい態度になってさ。もしかして嫉妬なのかな（笑）」

さっきから、自分のことしか話さない。しかも自慢話ばかり。彼って、こんなヤツだったっけ？

そう思いつつも、ついつい話を合わせて笑顔で相槌を打った。

男が夢中になる「攻略しがいのある女」

翌日の会社の帰り道、いつもの店に自然に足が向いた。久しぶりに彼と会ってデートをしたのに、このモヤモヤ感はなんだろう。秀人さんに会って早く話したい。

その気持ちが仕事のスピードを上げ、定時ぴったりに会社をでることができた。

店の扉を勢いよく開けると、

「いらっしゃいませ。まゆ様。お待ちしておりました」

と、いつもと変わらぬ秀人さんがいる。それを見て、幾分気持ちがよくなる。ワインとチーズの盛り合わせを頼んで、さっそく彼とのデートで感じたことを話した。私がひと通り話し終わると、秀人さんは少し間をおいてから口を開く。

「彼は、まゆ様の表情を気にしておられるようですね。男性性には『愛する存在を幸せにしたい』という本能が備わっています。パートナーが幸せかどうか、いつもどこかで無意識のうちに気にかかっているのです」

「……うーん。理屈ではわかってるつもりなんですけど……」

「こう思いましたね？　『そんなこと言っても、彼はいつも自分の話ばかり。仕事ばかり。彼は私になんて、関心がない』」

「どうしてわかったんですか!?」

「ふふ。あなたの心はなんでもお見通しって言ったでしょう。彼がそうなっているのは……――いや、やめておきましょう」

答えを言いかけてひっこめられたら、聞きたくなるではないか。

「え、ちょっと気になるんですけど、なんでそこでやめちゃうんですか？」

「本当に、お知りになりたいのでしょうか？」

「ええ、知りたい、知りたいです！」

意地悪な秀人さんに、つい声が大きくなる。

「どんなことを聞いても後悔されないでしょうか？」

「なんでそこで、そんなに引っ張るんですか」

秀人さんは覚悟を促したあと、もったいぶった様子で答えた。

「では、いきますね。**彼にとって、あなたはつまらない女になっています。ズバリ『攻略しがいのない女』ですね**」

「ひ……ひどい。そこまで言わなくてもいいじゃないですか！」

「あなたが、言ってほしいと仰るものですから……」

とはいえ、そんなダイレクトに言われたら、グサッとくる。

「それでなんですか？　『攻略しがいのない女』って」

半ば怒りながら聞いた。

「男の子は、ゲームが好きでしょう？　難しいほど、彼らは燃えるものなのです。征服したい、攻略したくなるのです」

「謎めいた女になれ、ってことですか？」

「ヒントを与えていくのです」

「ヒントって？」

「あなたが幸せを感じるポイントです」

それなら、これまでも彼に伝えている。

「してほしいことは何度も言ってます。メールを欲しいって。メールが来るだけで嬉しくなりますから。でも、そう言っても、いつもその直後だけなんです」

「でしたら、『直後』はなさってくださると……」

「そのときだけですね。くれるようになっても結局そっけないような感じだし、何回不満を言っても、結局彼はわかってくれないんです」

「もしかしたら、不満を言っているのではなく『不満な態度』をお見せになっているのではないでしょうか？」

「何が違うんですか？」

思わず突っ込む。

「男性性にとっては、大きく違うのです。見えている現実が全てのところがありますので、『不満な態度』が印象に残ると、それだけになってしまいがちです」

「態度でわからないのでしょうか？」

「残念ながら……彼が態度から気持ちを汲み取ってくれるということを期待されないほうがいいでしょう。**ほとんどの男性には、察する能力は『ほぼない』と思っていただくとよろしいかと。その代わりに素晴らしい『機能』が備わっているのです。それこそが、何度かお伝えしている『相手を幸せにしたい』という本能です」**

「だったら、わかってくれるんじゃ」

「この機能が発動するのは、あなたがそれを伝えたとき、『こうしてほしい』と具体的にちゃんと伝えたとき、限定なのです」

子供じゃあるまいし、大人だったらハッキリ言わなくても汲み取ってくれてもいいじゃないか。

「いちいち言わなきゃいけないなんて、そんなの嫌です」

「仰ることはわかります。しかしながら、このように考えてみたらどうでしょう？

願いを『男性性』に伝えれば、叶えてくれる」

「叶えてくれる……」

「はい。彼の男性性は、いつでもあなたの願いを叶えたいのです。ですが、どうしたらいいのかわからない」

「だから、伝える必要がある……？」

「彼は、あなたをいつだって幸せにしたいのです。しかしながら、そのための『マニュアル』がないのです」

女性を幸せにできる男性は、その人が「幸せになる方法」を知っているということだろうか。

「マニュアル……ですか？」

「左様でございます。どんな男性でも、最初からあなたを幸せにするマニュアルがあるわけではないのです」

「私を幸せにするマニュアルがあると、そうしてくれるってことですか？」

「その通りでございます。そして、**そのマニュアルは、パートナーからの『ああしてほしい』『こうしてほしい』で出来ていくのです**」

そう言われると、彼がどうしたら喜ぶかばかり考えていて、私がどうしたら幸せになるのかを伝えていなかったことを思い出した。

「だから、やってほしいことを伝えるんですね？」

「さすがでございます。それこそが彼にとって『攻略していく』ということになるのです」

つまり、「幸せを感じるポイント」を彼に伝えていなかったから、彼はどう攻略すれば相手を幸せにできるのか、全くわからなかったというわけだ。これでは、秀人さんに「攻略しがいのない女」と言われても仕方ない。

男が追いかけたくなるのは、自分の気持ちに素直な女性

秀人さんは続けて言う。

「だから、あなたが感じたことを素直に伝えてもよろしいのです。不満があるならそれを伝えることで、彼は『新しい攻略するテーマ』を手に入れることになりますから」

「私、気持ちを出すと重くなると思ってました……」

「『わかってほしいオーラ』で表現すると重くなるのです。その場合、彼にはどんなメッセージで伝わると思いますか？」

彼は私の不満をどんな風に聞いていたのだろうか。

「『私の気持ちをわかって！』かなあ」

「そんなものではございません。**『あなたは、私の気持ちをわかってくれない』『あ**

なたは、私に気を使ってくれない』『あなたは私を不幸にしている』です」

そんなつもりはないけれど、そう聞こえているのならうんざりする気持ちもわかる。

「うわ～。重いです。そういえば、昔、『君のことを幸せにする自信がない』って、いきなりフラれたことがありました」

「彼は、あなたの暗い顔を見るたびに、無力感に陥っていたのです。本当はあなたを幸せにしたいのに、『あなたには能力がない』と言われている感覚になっていったのです」

まさか、そんな風に彼が感じていたなんて。なんだか今すぐ会って謝りたい気持ちでいっぱいだ。

「じゃあ、いつも笑顔でいればいいんでしょうか？」

「そんなことをしたら、まゆ様の不満が溜まっていくだけになりますよ。彼は、あなたを笑顔にする方法がわからなかったのです」

「だからマニュアルなんですね」

「はい。**男性性は目的がハッキリすると迷いがなくなるのです。それから『こうすれば、こうなる』というパターンを見つけ出したくなるものなのです**」

「攻略ってそういうことなんだー」

どう攻略すればいいかわからない彼は、目的を見失っているのかもしれない。

「そして、**あなたが気持ちを素直に表現し続ければ、『攻略しきった』なんてことは永久になくなるのです**」

「え、そうなんですか？」

「女性性の本質は、揺らいで変化し続けるということ。ですから、昨日はそれでよかったけど、今日は嫌だということもありますよね」

その通りだ。〝女心と秋の空〟ということわざがあるように、女性の気持ちは本当に移ろいやすいと思う。

「わかります、わかります！　私、気持ちがコロコロ変わっちゃダメだと思ってました」

「そうやって気持ちを我慢していると、不満が溜まっていくのです。そして、彼のことも結局嫌いになってしまうのです」

「我慢しないほうがいいんですね」

それにしても、嫌いになるってどういうことだろう。

「溜め込んでいると、あなたは自分の気持ちがわからなくなります。そのうち全てにイライラするようになり、彼のことも本当は好きなのに嫌いになるのです」

「そうなんですよ。私、いつも我慢の限界になるといきなり何もかもが嫌になって、別れるということをやってました」

自ら別れを切り出したくせに、後悔するのだ。

「我慢をするということは、『嫌いな相手と一緒にいる』ということになってしまうのです」

「それは、嫌です！」

これ以上、失敗を繰り返したくない。

「ですから、なるべく普段から言いたいことをお伝えしたほうがよろしいでしょう。それに、あなたの気持ちがコロコロと移り変われば変わるほど、彼にとってあなたは『たまらなく魅力的な存在』になるのですよ」

「なぜですか？」

「なかなか『捕まえられないオンナ』だからです。攻略するのが難しければ難しいほど、彼の男性性は刺激されていくのです」

はあ〜、捕まえられない女になりたい。

「私、いつも追いかけていました」

「上手に追いかけさせるのです。しかも、それは簡単なのです。いつも気持ちに素直になって、それを出していけばいいのです。**彼があなたを攻略する歴史が積み重なればなるほど、マニュアルは分厚いものとなり、それは、彼にとっては誇らしいものとなるのです」**

「え……どうしてですか？」

「『この女をここまで攻略しているのは、世界の中でもオレひとりだろう』と感じるからです」

仕事でも男性は目標達成することに闘志を燃やすが、恋愛でもそうなのだ。

「そんな風に男性は思うんですね」

「こう思わせたら、もうあなたの『勝ち』だと思ってよいのです。なぜならば、彼にとっては、あなたと一緒にいる時点で自分は『世界一の存在』になれる関係なのですから」

彼にとって世界一の存在になれる関係だなんて、思ってもみなかった。

「でも、そんなところにいけるんでしょうか？」

「あなたが自分に素直になればなるほどそうなります。さらに、**彼にとってもよいことがあるのです。彼は受け止める力が高まっていくのです。**器が大きくなっていく。それが自信になっていくのです」

「まだ信じられないのですが、私がワガママになると、彼は大きくなるんでしょうか？」

「その通りです。あなたはこのぐらいに思っていればよろしいのです。『たったひとりの女さえ幸せにできない男に、大したことなんてできるはずがない！』と」

彼に「好かれるために」ハウツー本などを読んでも、全く意味がなかったというわけだ。

「それ、すごいです！」

「実際にそうなのです。**そして、器が大きくなっていった彼は、仕事でも結果を出**

すようになっていくのです。影響力だって、収入だって大きくなっていくのですよ」

母は「男は褒めて育てるもの」と言っていた。それを信じてきたけれど、女性がワガママになるほうがいい男に育つなんて、誰も教えてくれなかった。

秀人さんはさらに続ける。

「**そして何よりも大切なことは、まず、ご自分が『幸せでいる』ということなのです。**そのためには我慢しない、言いたいことを言う、やりたいことをやる、気持ちに素直になるということですね」

「それ、尽くすより難しいです……」

彼にそのままの自分を見せたら嫌われないだろうかと思うと、つい繕ってしまう。

「あなたが自由でいて好きにやっていればいるほど、楽になりますよ。幸せも感じやすくなるのです。楽しくなってきます。そんな様子を見て、彼もまた嬉しくなるのです」

「そのほうが彼は喜ぶんですね」

「結果的にはそうなります。それはあなたが幸せそうだからです。『オレが彼女を幸せにしているんだ』っていう実感が、彼の一番の自信になるのです」

女性の幸せが男性の幸せなら、私がまず幸せになればいいんだ。

「男の人って素敵なんですねえ」

「はい。だから、彼のことを信頼してもっともっと委ねてみてくださいませ」

「そ……そうしてみます！」

自信なさげに返事をすると、秀人さんはいつもの意地悪そうな顔をして、

「今日も、まゆ様に宿題を出しましょう」と言う。

「え、今日も？　なんですか？」

「まゆ様の肚の声を聴いてください」

「肚の声って？」

「本音の声と言ったらいいでしょうか。つまり、まゆ様の本当のお気持ちです。彼に会ったら、嫌なことは堂々と『嫌』と仰ってください。本当は嫌だと思っているのに、言わずに溜めることはNGですよ。反対に、嬉しいことは思い切り素直に

喜んでください。肚の声を出すとどんなことが起こるか、ぜひ楽しみにしていてくださいね」

そういうと、秀人さんは空いたグラスを下げるために、向こうへ行ってしまった。

work

願いを叶える力が高まる「自分の肚の声をそのまま出すワーク」

★自分は今どう感じているのかに意識を向けてみてください。

★イライラや、気持ちがザワザワしたりするときは、思ったことを「そのまま」言葉に出してください（人に対して直接言えないという場合は、ひとりになってから、なるべく感情のまま、思い切り口に出してください）。

★喜びや楽しさを感じるときは、大げさなくらいにその気持ちを言葉や態度で表現してください。

Onepoint Lesson

秀人さんのワンポイントレッスン ④

感性豊かな女性は、自分の気持ちを伝えることが得意

本来、女性性は感情表現が豊かです。言葉以上に、自分の内面を伝えることができる性質があります。また、感性で好き嫌いをキャッチするのが得意なので、自分にとって必要なものもわかるようになっているのです。

でも、自分を犠牲にして相手に尽くしてしまうと、自分の本音を抑えるので、だんだん自分の気持ちがわからなくなってしまいます。結果、欲しいものもわからなくなって、やりたいこともやれなくなってしまう、という負のスパイラルに陥ってしまうのです。

男性は、攻略したくなる女性に夢中になる

男性性は攻略することに快感を覚えます。謎解きをして、答えを導きたいという本能があるからです。ですから、これをやったら相手が嫌がるということや、これをやったら相手が喜ぶという「正解」を見つけると嬉し

さを感じるようになっています。男性性は、困難に直面するほど燃えますので、まだまだ奥が深そうで攻略しがいがありそうなものほどハマったり、一度攻略したつもりだったけれど新しい方法があるとわかったときなどに、俄然やる気がでるようになっているものです。つまり、攻略すればするほど、自分にとって誇らしいものになるんですね。

「嫌」と「好き」を表現することが願いを叶えるコツ

良好なパートナーシップを築くには、女性が男性に自分の「嫌」「好き」をどんどん表現していくことです。「嫌」や「好き」をハッキリ出していくことで、周りはその人の思いを自然とキャッチするようになるので、結果的にその世界を実現させようと動いてくれるようになるのです。

願いを実現できる力があることを実感したい男性性と、願いを周りが実現してくれるくらい自分に魅力があることを実感したい女性性。お互いの方向性が満たされたとき、パートナーシップが上手くいくのですね。

肚からの声が「幸せな世界」をつくる

大きなモニュメントの前で、腕時計を見る。遅いなあ。まさか来れないとか？　約束の時間からすでに15分も経過。メールをしても返信は来ない。普通、女の子をこんなにも待たせる？　不安と怒りの入り交ざるなか待っていると、遠くからこっちに向かってくる彼の姿が見えた。

ヘッドホンで音楽を聞きながら何事もなかったかのように歩いてくる。こんなに人を不安にさせておきながら、慌てる様子もなく平然と歩いてくるって、どういう神経しているの？　沸々と怒りが湧いてきたが、せっかくの彼とのデートだし最初から雰囲気をぶち壊したら、今日一日が暗くなってしまうと思いとどまる。

でも、ここで秀人さんと約束したことを思い出した。

――嫌なことは堂々と『嫌』と言ってください。本当は嫌だと思っているのに、言

わずに溜めることはNGですよ――

私は今、彼が遅刻してきたことに怒りが湧きながらもそれを抑えようとしてる。嫌だと思っているのだから、嫌だと言ってみよう。

「まゆ、ごめん。待たせちゃった？」

ヘラヘラした表情でやってくる彼。そのとき、肚の底からとんでもない声が聴こえてきた。

「ふざけんなよ！　いつまで待たせるのよ！　音楽聞いてる暇があったら、メールの一本くらい打てるでしょ！」

気づいたら、そのまま言葉に出していた。彼はフリーズして、ドン引きしている。初めて彼の前で思い切りキレた。いつもネチネチ不満しか言わなかった私が、まさか荒々しい言葉でキレるなんて、思ってもいなかっただろう。

彼、冷めちゃったかな。このあと、どうなるんだろう。心臓がバクバクする。

「まゆ……本当にごめん。そこまでまゆを心配させてるとは思わなかった。これからは、ちゃんと連絡入れるから」

彼が、真剣な表情で謝っている。あれ？　こんな彼、初めて見た。彼の恐縮している姿が可愛く見える。それに、キレたらスッキリして、さっきまでのイライラが不思議なぐらい消え去っている。

「まゆ、今日は遅刻したお詫びに、ずっと一緒に行きたいと思っていた、とってきのイタリアンのお店に行こう。本場イタリア仕込みのシェフがオープンしたお店で、人気も急上昇してるって、職場の先輩に教えてもらったんだ」

「本当？　楽しみ！」

彼と公園を散策しておしゃべりをした後、そのお店に行く。会話も楽しいし、食事も美味しい。肚からの声を出すと、こんなに世界が変わるんだ！

明日の朝は早くから会議があるので、夜9時にはさよならをした。

今日の彼とのデート、いつになく楽しかったな。私が私でいられた気がするし、彼に気を使うこともなかった。彼もなんだか嬉しそうだったな。

ウキウキして自宅に帰ると、電話が鳴る。母からだ。母の話を聞いていたら、いい気分が急に萎える。せっかく上がったテンションが、急降下していくのを感じた。

「自分らしく生きていない」サインとは？

「毎週のように母親から電話が掛かってくるんですよー。もうウンザリ」

バーのカウンター席で、秀人さんに愚痴を言う。

「毎週ですか。お母様に大切にされていらっしゃるのですね」

「監視ですよ。監視！　彼氏ができたかどうか、それで『いつ結婚するの？　相手はまだいないの？』って。毎回毎回聞かれるんですよ」

「なるほど……それが毎週のように繰り返されるのでしたら、億劫になるのもわかります」

「わかってくれますか？　ほとほと疲れちゃって」

共感してもらえて、少し心が和む。

「これは、もしかしたら何かの『サイン』かもしれませんよ」

「サイン？」

「たとえば、『人生が他人に振り回されてしまっているということはありませんか？』というメッセージの可能性がございます」

たしかに、自分だけ取り残されていくような焦りを感じているときに限って、母親は余計なことを言ってくる気がする。

「それ、わかるような気がします。どうやったら振り回されなくなるでしょうか？」

「電話が掛かってきても、お出になるのをおやめになればよろしいのです」

「出られるのに出ないんですか？」

「左様でございます。お相手の方にはこちらの状況を見ることはできませんし」

そうはいっても、鳴っている電話を取らないのも罪悪感を持ってしまいそうだ。

「でも、でも、バレたら何を言われるか……」

「電話を掛けてきたタイミングは、あちらの事情でございます。合わせる必要はございません」

秀人さんはグラスを拭きながら冷静な口調で言う。

「あちら側ですぐに話したいことがある、という場合は？」

「緊急を要することであれば、何度も掛け直してくるでしょう。または、メールなど、他の手段を使ってでもなんとしても連絡を取ろうとされるはず」

「待たせるのは心苦しいです」

母親を悲しませると思うと、どうしても受け入れられない。

「でしたら、**あなたが『話したい』と感じたタイミングで掛け直せばよろしいのです**」

「気になってすぐに掛け直してしまいそうです」

「そのままでは、ずっと振り回されることになるでしょう」

「もう、もう無理です。限界です！」

やっぱり秀人さんの提案を受け入れるしかないのだろうか。

「いずれにせよ、今のままでは続かないことになるでしょう。**電話を相手の都合ではなく、ご自分のタイミングで掛けるということは大切です。なぜなら、『ご自分のお気持ちで動く』ということだからです**」

「私の気持ち……？」

「はい。『話したい』から話す。『電話をしたい』からする。**この瞬間、あなたは人生をご自身でリードなさっています**」

たかが自分のタイミングで電話を掛けるだけで、人生をリードしていることになるという秀人さんの話は、目からうろこだ。

「私のペースで、ということですね？」

「**そのような積み重ねが、あなたの人生に主導権を取り戻すことになっていくことでしょう。**結婚にしても、同じことが起きているかもしれません」

「結婚でも、ですか？」

「はい。あなたの自然なお気持ちではなく、何かのきっかけで、『結婚しないといけない』と思い込んでしまっている可能性はないでしょうか？」

まさか、結婚したいと思うことまでもが、他人の影響だというのか。

「そんなことはありません！　私、結婚したいんです。それは間違いなく私の気持ちです！」

「たしかに、そうなのかもしれませんね。**何度も繰り返し人から言われる言葉……**

それは実は、あなたがご自身にかけてる言葉なんです」

「え、どういうことですか？」

人から言われる言葉は、私が私自身にかけている言葉？　意味がよくわからない。

「お母様に『いつ結婚するの？』『相手はいるの？』と聞かれるのは、**あなたが『いつ結婚できるんだろう？』『相手は現れるのかな？』とご自身に仰っているのです」**

図星を突かれて、心が痛む。

「うっ……心当たりあります……」

「そうなったのはいつ頃なのか、憶えていらっしゃいますか？」

「いつからだろう……」

過去を回想すると、すぐに思い当たる出来事がでてきた。

未練があると「次」に進めなくなる

「前に付き合ってた人と別れてからです。結婚寸前までいってたんです」

「……そこからどうなったのでしょう？」

「ウェディングドレス、結婚式場、家庭、子供……手に入るはずだったのに……って思ってます」

「未練が残ってるのですね」

「はい、残ってます……」

痛い思い出が生々しく蘇ってきた。

「でしたら、次になかなか進めなくなるでしょう。**やり残したことがあって、まだしていない。それをやるまではまだ抜けたくない、という状態にいらっしゃるからです**」

「わかります。私、思ってます！」

思い出したくないと必死で忘れた記憶が、掘り起こされてくる。

「結婚は、『今の私』がしたいわけではないのでしょう。『あの頃のときめいていた私』がしたかったことなのではないでしょうか？」

「あれ以来、結婚にこだわるようになってしまっているのかも」

「そうなると、『今』叶えたいことではなくて、『昔に』叶えたかったことになりますね……」

その通りだ。前に付き合っていた人のことを忘れられないのだ。その人と結婚して、家庭をつくり、子供を産み育てたかった。

「私、自分のこと可哀想だって思ってます。他の人は、誰でも普通に体験できることなのに……」

「それもきっと、当時、ご自分のことを可哀想だとお感じになったのではないでしょうか？」

「思いました！　惨《みじ》めで情けなくて……今、思い出しても泣けてきます……」

あのとき、別れてからしばらくは何も手につかず、生きる気力さえなくしていたことを思い出した。

「それから、結婚に至らなかったことを責めてはいないでしょうか？　自分のどこかが悪かった、ダメだったと……」

「思ってます！　私に欠陥があるからこんなことになってる、って思ってます」

特に大きな喧嘩をしたわけでもなく、両親に会わせたあたりからなんとなく雲行きが怪しくなってきて、彼のほうから距離を置き始めたのだ。

「結婚するかしないかは、たまたまの巡り合わせでございます。人として完璧だからとか、女性として優れているからとか、そのようなものとは関係はございません」

「自分は、女として魅力がないのかな……とどこかで思ってます」

「もし、**あなたがご自身について『女性として何かが欠けているから上手くいかなくなってしまっている』とお感じであるならば、何をしてもそれは埋まることはないでしょう**」

「…………」

女としての自信をすっかり失ってしまっている今、いったいどうやって自信を取り戻せばいいのかわからない。

「何かを足そうとしても、いつも『何かが足りない』という感覚になることでしょう。それは、メイク、ファッション、習い事、都会暮らし、キャリア、海外旅行、外資系の彼……**いずれにせよ何を加えたとしても、欠けた感覚はずっとずっと心の奥底であることでしょう**」

ここ数年間、欠けた感覚を埋めることができず、とてつもない虚しさに襲われることがある。

「悲しくなってきました。もう頑張れないかも……」

「それらが悪いということではないのです。**隙間を埋めるためにやろうとしてるのであれば、勿体ないことになっているとお伝えしているのです**」

そう言われても、気づけば、隙間を埋めて気持ちを満たそうとしてしまう。

不安の奥には「本当の願い」が隠れている

「私、どうしたらいいんでしょうか？」

「『空白を平気にする』ことです。何もないことにも、心穏やかにいられるようになることです」

それは苦手分野だ。一日何もない日は耐えられない。だから、スケジュール帳はいつも予定で埋め尽くされている。

「私、何もしてないと不安でいっぱいになるんです」

「その不安をまず感じてあげるのです。何かに埋めてもらおうとするのを、一旦やめるのです。まず、ご自身で感じてあげましょう」

「そうしたら、不安は消えるんでしょうか？」

「それだけでは消えません」

「そんなぁ……不安で不安でいたたまれなくなってしまいそうです」

何もせず心穏やかでいられるとは、到底思えない。

「ご安心くださいませ。不安は、決して悪いものではありません。そして、ちゃんと受け止めていくことで自然と和らいでいくものなのです」

「そうなのかなあ」

「不安であってはいけない。不安でいてはいけないと思っていると、逃れたくなります。**でも、不安でいてもいい、大丈夫だと受け入れてあげればあげるほど、楽になっていくのです**」

「不安でいてもいいんですね？」

「はい。**打ち消そうと動けば動くほど、何かを得ようとすればするほど、ますます不安は大きくなるのです**」

「大きくなっていくんですか？」

「**なぜならば、本当は不安を感じたいからです**」

不安を感じたい？　まさか！　すぐに反論する。

「そんなことありません！　不安になんてなりたくありません！」

「ふふふ。人の心というものは、天邪鬼《あまのじゃく》なものでございます。**なぜ、不安をお感じになるかというと、その奥に『願い』が眠っているからです**」

「願い……？」

不安と願いにいったいどんな関係があるというのか？

「**はい。私たちは『本当の願い』から、どこか逃げ続けるものなのです**」

「本当の願いってなんでしょう？」

「それは、人によって違います。ですが『本命』が手に入らない、『本命』が叶わないとなると、そこから立ち直れなくなるかもしれないと、どこかで薄々感じているのです」

「なんだかわかるような気がします」

本当に願っていることが叶わないとしたら、やる気を失って廃人のようになってしまうかもしれない。

「そこで、ほとんどの方は『ダミーの願い』を求めて、叶えるために頑張ります」

「じゃあ、私の結婚というのは……」

「はい。『ダミー』の可能性がございます」

「でも、だとしても叶わないことは怖いです」

「どうなさいますか？　このまま、『ダミーの願い』を追い続けますか？」

秀人さんは選択を迫ってくる。

「まだ、結婚がそうと決まったわけでは……」

「でも、薄々ご自身でも気づいておられるのでしょう？」

「……はい」

「では、どうなさいますか？」

選択を迫られて、本音で生きるしかないと思う。

「もう、私、ダミーの願いを追うことをやめたいです」


「では、これから言うことをしばらく、毎日お続けくださいませ」

「はい！」

「やることは、簡単です。ただイメージするだけです。当時の彼としたかったこと、体験したかったことを、ありありと描いていってくださいませ」

当時の彼を思い出すことは辛いが、もう今までの自分を変えるには、秀人さんの言うことを聞くしかない。

「イメージするだけでいいんですか？」

「さすがでございます。そこで『気持ち』を味わっていくのです」

「気持ち？」

「幸せであるならば、幸せを。嬉しいのであれば、嬉しさを。楽しいのであれば、楽しさを。結婚までのこと、結婚式、その後の生活……なんでも構いません。当時、やりたかったこと、体験したかったこと、味わいたかったこと、全部、全部イメージのなかでやり尽くして、感じ切ってしまってくださいませ」

当時の彼と別れて6年過ぎた今、もう思い出すことはないと心の奥底に閉まった思い出。でも、あのときやり残したことや未練があるものをこのままにはできない。

「わかりました。いつまで続ければいいんでしょうか？」

「飽きるまで。イメージが思い浮かばない、気持ちがもう湧いてこない。どうでもよくなったというところまで、お続けくださいませ」

「はい。そこまでやってみます！」

飽きるまで続けたら、何かが変わるのだろうか。

「これをした上でも、それでもどうしても結婚されたいということでしたら、本当の願いなのかもしれません。もしかしたら、全く違うものがでてくる可能性もございますし、楽しみになさっていてくださいませ」

とにかくやってみるしかない。そう決心して店を出た。

work

新しい出会いを呼び込む「未練をなくすワーク」

★忘れられない出来事や後悔していることがあったら、やってみたかったこと、体験してみたかったことを全てイメージのなかでやりつくして、思い切り味わってみてください。
★飽きるまでイメージし続けてください。
★イメージし尽くした後に、どんな感情が湧いてくるかに注目してください。

Onepoint Lesson

秀人さんのワンポイントレッスン ⑤

女性は、未来への保証を確保したくなる

本来女性性は、思いのままに自由に自分を表現する性質があります。今を感じることは得意ですが、一方で、保証のない将来に対しては確信が持てず、不安になりやすいのも特徴です。そのため不安を埋めようと、安心を確保したくなるのです。

でも、それは自分のやりたいことや欲しいものではなくて、ただ埋めたいだけ。なのに「自分が欲しいもの」と勘違いして求めてしまうところがあるのです。

不安な未来は、男性の存在によって可能性への挑戦に変わる

男性性は未来を描くことが得意で、今混乱のなかにあっても未来は大丈夫という確信を得ています。女性にとって未来は「不安の原因」ですが、男性にとって、未来は「可能性への挑戦」となるのです。ですから、女性

が新しい世界へ踏み出したいときは、そばに男性性の存在があるといいのです。

男性は無意識のうちに「先に進んでも大丈夫」というメッセージを与えてくれるので、未知の世界への一歩が進みやすくなるのですね。

男性のサポートを得ると、女性は自分らしさを取り戻しやすい

女性は、男性性の存在によって未来や将来に対しての不安から解放されると、今に安心することができるようになるので、自分の思いを自由に表現できるようになるものです。すると、自分がやりたいことや欲しいものが、自ずとわかってくるようになります。

つまり、「自分にとって大切なものはこれだ」とわかるようになるので、自分らしく生きられるようになるんですね。

自分と繋がると、今必要なものがハッキリとわかる

週末は、なんの予定も入れずに秀人さんから言われた通り、6年前に付き合っていた彼としたかったことをイメージする時間に充てた。

自然光がたっぷり差し込む大きなガラス張りのチャペルで、ウェディングドレスを着て、赤じゅうたんをふたりで歩く。披露宴ではみんなに祝福され、幸せを感じている。母への手紙を読んで、今までの感謝が湧いてくる。

ハネムーンは、バリ島でリラックスしたふたりだけの時間を過ごす。

彼と暮らす家を見つけるために、不動産屋さんを巡る。近所に美味しいカフェを見つけて一緒に過ごす。

家で料理をしていると、彼が仕事から帰ってくる。「美味しい、美味しい」と言って食べてくれる姿を眺めている――。

思い浮かべるたびに、湧いてきた気持ちをじっくり味わっていく。ハートが温かい。じわっとしたものがこみ上げてくる。

あまりにリアルにイメージをしすぎたからか、彼が夢にまでできたほどだ。最初は、こんな妄想をひとりでしている自分はどうなんだろうと思ってやっていたのだが、予想外の出来事が起きるようになった。

自分のなかで抑圧していた感情を味わいきったからなのだろうか。ずっと心にあった変なモヤモヤがなくなって、ひとりで過ごすことが、より楽しめるようになってきたのだ。家でのんびりしたり、ふらっと映画を観に行ったり、ますます気まぐれに過ごすようになった。

それによって、ほんのり自分と繋がった気がしてきて、自分で自分の声をやっと聴けるようになってきた。

それまでの私は「孤独」というものをずっとどこかで恐れていたけれど、孤独とは、自分が勝手につくり出した幻想だったのだ。

自分がひとりで平気だとわかってくると、友達に誘われても無理に付き合わなくていいかと割り切れるようになってきた。

するると、これまで気にならなかった友人との会話が、気に障るようになってきた。私だったら何を言っていいと思って、ずけずけ言ってくる。こっちが誘っても来ないことがあるくせに、私が仕事で誘いを断ると文句を言う。

いつもの自分だったら「ごめんね」と謝っていたし、向こうもそれを期待していた。でも、ハッキリと「そういうところが嫌い」と言った。今まで我慢してきたけど、もう会いたくないと言ってしまった。

プライベートでも会社でも、相手に対して思ったことが言えるようになった。一度言えたら勢いが出てきて、「人にどう思われてもいいや」と思えるようになった。

他にも、会社で気を使いすぎている同僚、寂しさを埋めようと男性に媚びる友達、機嫌で部下を振り回す上司……いろいろなことが目につくし、いろいろな人が気になるようになった。

と同時に、部屋を整理したくなった。いつか着ると思って1年以上着ていない洋服やバッグ、靴などを思い切り処分した。未練なく捨てていくと、洋服類は半分くらいまで減った。

もう限界がきていたのだ。自分には合わないと思っている人や物とうまく付き合っていくことに。今までは、自分の声がわからなかったから置いておけた。でも、自分の声を聴けるようになると、必要のないものをそのままにして置くことはできなくなった。

決定的だったのは、今の彼のことだ。私のほうから、関係を終わらせたのだ。あるとき、ふいに「この人じゃない」とハッキリ感じてしまった。

気がついたら、もう我慢できなくなった。その場でメッセージを送って、お別れをした。その後も連絡があったけれど、ブロックをした。

こんなに人を切ったり、物を捨てたりしたことはなかったので、爽快感もあるけど不安も感じている。

空白に慣れると「幸せ」が訪れる

「あれから、いかがでしょうか？」

秀人さんは、グラスに日本酒をつぎながら質問した。

「いろいろと上手くいってはいます」

「それは大変結構なことでございます」

「でも、これでいいのでしょうか？」

新たに湧いてきた疑問を聞いてみることにする。

「どうされたのでしょう？」

「仕事はいい感じで、変な悩みも減って、気が楽なんです」

「それのどこに引っかかりをお感じになるのでしょう？」

「何も『ない』んです。今……。仕事が終わったら家にすぐ帰ってるんですけど、予定とか遊びとかなくって……」

これまで予定をぎっしり詰めていたのに、突然何もなくなってしまい、とまどいも感じていたのだ。

「それはよい傾向なのではないでしょうか？」

「そうなんですか？　でも、でも、あれから大変だったんですよー」

「何かあったのでしょうか？」

「周りにいた人にハッキリ物を言うようになったら、次から次にトラブルが起きてしまって、誰もいなくなってしまったんです」

「どなたも——なのでしょうか？」

「はい、この人も、この人も!?　という感じに立て続けにあって、キレイさっぱりです」

職場で仲が良かった同期とも、学生時代からの親友だと思っていた友達とも喧嘩になり、会わなくなってしまった。

「その方たちと、今もお付き合いされたいのでしょうか？」

「いいえ、あのときは大変で『なんで私だけこんなことに』って思っていたんですが、今思えば、こうなってよかった人たちばかりでした」

「でしたら、もう嫌な人間関係はないと？」

「ええ、そうなんですけど……実は、彼とも別れたんです」

「そうだったのですね」

「別れてから、なんであんな人と付き合ってたんだろうと思うんですけど、これでよかったんですか？　結婚したかったし……」

結婚したい、という思いだけは、まだ引きずっている自分を感じている。

「ふふ。『その方と』結婚なさりたかったのでしょうか？」

「それはもうないんですけど、次に現れるのかなあって。前から周りに言われてるんです。『もう、そんな年齢になってどうするの？』って」

「そのように言ってくる方もいなくなったのですよね？」

「まあ、そうなんですけど……」

自分に合わない人と無理に付き合う必要はないとわかったとはいえ、結婚となると30代に入ってしまった今、焦りが募ってしまう。

「お気持ちはなんとなくわかります。ぽっかり穴が空いてしまったような……そのような感じでしょうか？」

「はい。することがなくなってしまって……」

「ご安心くださいませ。状況はかなり良くなっているように感じます。**そこで無理やり予定やお付き合いを入れていないということが、これから功を奏することになるでしょう**」

「そうなんですか？」

「はい。**空白に耐えられるようになってきてから、人生はさらに好転していくことでしょう**」

秀人さんの言葉を信じたいが、信じられない自分がいる。

「そこが不安なんです」

「空白に不安をお感じになるということですね」

「はい。今まではスケジュールがいっぱい入っていたのに、何もなくなってしまって……」

「まずは、**この空白に慣れていかれると、必ずや運気が巡ってまいります。**それまで、少しの間のご辛抱です」

「だったら、いいのですが……」

「今、不安を埋めようと何かを加えようとしたり、誰かとお付き合いするようなことになれば、たちまち以前の生活にお戻りになってしまうことになります」

それだけは絶対に避けたい気持ちから、思わず声が大きくなる。

「もう、あんな生活に戻るのは嫌です！」

「でしたら、ここからが大切です。この『空白』に何を入れていくかで、大きく変わっていくのです」

「何を入れていけばいいのでしょうか？」

「あなたが大好きだと感じるものです」

「大好きなもの……」

「ここで中途半端なものを入れないことです。寂しいからとか、誘われたからとか、お付き合いで仕方なくなど……。それらをどんどん入れてしまえば、あなたの人生はあやふやになってしまうことでしょう」

「それ、散々やってきました」

「ですので、ここから誰にも遠慮することなくお過ごしになればよろしいのです。ご自分の人生です。好き嫌いで選んで構わないのです」

自分の声を聴けるようになって、嫌いなものは嫌いとハッキリ言い、好きなことだけしてきたつもりだ。いったい、これ以上どうやって「好き」を見つければいいというのだろうか？

「今、まゆ様はせっかく空白をつくられたのに、その空白にまたどうでもいいものを入れようとされています。すると、しんどくなったりストレスになるだけです」

「わかってはいるんですが、どうしたらいいのでしょうか？」

「大好きだと感じるものが現れるまで、『待つ』ことが大切です」

「待つ？」

「はい。空白に耐えられないから動いてしまうのではなく、自然と惹かれたものが現れるまで待つのです。**女性性の素晴らしいところは、感覚で惹かれた場所や、気になったことをやると、無意識のうちに自分にとって必要なものが積み重なっている、というところなのです**」

以前から気になっていることに取り組んでみると、自分にぴったりだった経験はある。でも、確信がないので今ひとつ自信が持てないのだ。

「なんだか行き当たりバッタリのような感じが……」

「それでよろしいのです。ご自身の感性や感覚を信頼なさってくださいませ。**必要なものは、必ず必要なタイミングで現れます。**私が知っているだけでも、なんとなく気になったところに行ったらそこで知り合った人からお仕事をもらうことになったという方や、結婚相手と出会った方など、たくさん事例はございます」

「わあ！　結婚相手も!?」

「はい。女性性というものは不思議な力があるのです。ただ、**嫌なもの、好きではないもの、ストレスを感じるものを抱えれば抱えるほど、そのセンサーは狂っていくのです**」

「だから『大好きなもの』なんですね」

好き嫌いをハッキリさせるということは、大切なことなのだと改めて知る。

「はい。『中途半端な好き』がセンサーを鈍くさせるのです。女性性は、満たされるということが大きいのですが、『埋まらない穴』というものに対してストレスを感じやすいところがありますので」

「だから、何かで埋めたくなるのですね。なんとなく、わかります……」

「ですので、丁寧に埋めていくことが大切です。大好きなものをひとつ、またひとつと増やしていくのです。動くときは、惹かれたとき。これを繰り返していくことで、あなたの人生は『大好きなもの』に囲まれて、さらに言えば、毎日がときめいたものになっていくのです」

ときめきなんて、長い間忘れていたような気がする。それも、埋まらない穴に、好きではないものを好きと勘違いして入れていたからなんだ。

人生を導く「ときめき」と「しっくり」

秀人さんは続けた。

「ときめきこそが、女性性にとっては人生で潤いをもたらすものになるのです。頭ではなく、ハートで選んでいくのです。ときめいたものを招き入れていくことで、結果的に人生はときめいたものに囲まれることになります」

「なんだか素敵です」

「それから、ときめきはあなた自身へ潤いをもたらします。肌も雰囲気もオーラも瑞々しくなって、魅力はますますアップしていきます」

たしかに、ときめいている女性は心も身体も潤っている気がする。

「私、疲れ果てて、バッサバッサに乾いてしまって、枯れてました……」

「ふふ……。今、ご無理をされていないからか、先日お見かけしたときから比べても、雰囲気がかなり変化されていますよ」

「本当ですか!?」

「はい。軽やかになってスッキリされている印象です」

自分で自分のことはよくわからないが、秀人さんにそう言われて嬉しくなる。

「よかった。ストレスも減っているし、仕事も前より上手くいっているのだけど、何もすることがなくなってしまって、これでいいのかな？　って思ってました」

「よろしいのです。今は慣れていないだけですので、ゆっくりで大丈夫ですから慣らしていってくださいませ。そして『大好き』なもので満たされれば満たされるほど、それ以外のものに関しては、違和感やしっくり来ない感覚が大きくなっていくことでしょう」

「しっくり来ないものは招き入れなければいいんですよね？」

「左様でございます。さらには、すでに招き入れたものでもしっくり来なくなったものは、どんどん手放していってくださいませ。物も人間関係もです」

「人間関係はハードル高いですね……」

自分の声が聴けるようになって、我慢できないことに対してハッキリ言うことができるようにはなってきたけれど、やっぱり人間関係ではあまりトラブルを起こしたくないと思ってしまう。

「大丈夫です。なぜなら、お相手の方も同様にしっくり来なくなっているからです。**これは片側だけに起きるのではなく、両方に同時に起きるものなのです**」

「ああ!?　お付き合いも、『ときめき』と『しっくり』で選べばいいんですね」

「**特に女性性の場合には、『ときめき』や『しっくり』こそが、必要なものを教えてくれるのです。これは、頭や理屈で考える以上に正しいことが多いのです。あなたのなかの『なんとなく』こそが、実は一番大切なことを教えてくれるのです**」

「私、『なんとなく』で選んじゃいけないとずっと思ってました」

「今日からは『なんとなく』を大切になさってくださいませ。驚くほどその感覚が正しいということがわかってきますよ」

「今まで『なんとなくこうしたほうがいい気がする』と言うと、そんないい加減なことじゃダメとか、理由をハッキリさせろなどさんざん言われてきたから……」

学校でも職場でも、選択するときは理論的な説明が求められてきたので、「理由はないけれど、なんとなく……」では社会に通用しないと思い込んでいた。

「この世界に、女性性からくる『なんとなく』以上に当てになるものなどございません。女性性は、今起きていることの全体を掴んで、そこからサインを送ってくるのです。ハッキリしないのは、感じ取っている範囲が大きいからなのです」

「そうなんです。なんだかモヤモヤするとか、そう感じるってハッキリしていないんだけど、後から必ずそのモヤモヤが当たることが多いんです」

以前、転職活動でふたつの会社から内定をもらったが、A社のほうが給与も高くやりたい仕事に近かったのになぜか行く気がせずB社に決めたところ、その半年後にA社が倒産してしまったことがある。

「これについては、男性の方でも女性の方でも、ご存じでない方が多いのです。ですから、まずは、あなたご自身の感覚を信頼して委ねてみてくださいませ」

「まず、私が自分の感覚に従うってことですね」

「はい。そうすればするほど、ご自分の感覚が正しいと実感されることが何度も起こりだし、あるときから『この感覚になったときには絶対に正しい』というところまで確証を持つことができるようになられます。その頃には、わざわざ説明する必要もないというぐらいに、ご自分の感覚を信頼されるようになるでしょう」

「でも、人から説明しろと言われた場合には？」

仕事の場面となると「なんとなく」は通用しないだろう。

「これが、面白いのです。ご自分のなかで疑いがあるときには、他の人も疑いを持つのです。**それが、自分のなかで信頼がアップすればするほど、他の方も同じように信頼してくれるのです**」

「じゃあ、私のなかで『説明がいらない』というぐらいに感覚を信じられるようになったら、周りもそうなって何も言ってこないということですね」

「その通りです。仮に、いちいち説明をしなければ通じない相手に関しては、自然と離れるようになっていくことでしょう」

「そうなったら楽ですねー。感覚で生きていけるんだー」

「はい。ですので、まずは今の空白で平気になっていくこと。大好きなもので埋めていくこと。『なんとなく』『しっくり』の感覚を大切にすること。これをお続けになってくださいませ」

自分の感覚に正直に生きてみよう。自分のことをとことん信じてみよう。そう思うと、なんだか嬉しい気持ちでいっぱいになった。

work

物事がうまくいく『なんとなく』『しっくり』の感覚を大切にするワーク」

★物事を選択する場面に出会ったとき、損得勘定の思考が出てきたらストップしてください。

★メリットやデメリットを抜きにして、「なんとなく」こっちがいいと思うほう、「しっくりくる」と思うほうを選んでください。

★選択する状況になるたび、この繰り返しを何度もおこなってください。

Onepoint Lesson

秀人さんのワンポイントレッスン 6

女性の「感覚」は、頼りになる

感受性が豊かな女性性は、社会の集合的無意識を汲み取るなど目に見えないけれど今起きていることを、幅広く全体から捉えることが得意です。そのため、感覚で今必要なことを掴んで、無意識のうちに必要なことを積み重ねることができるのです。

しかし、好き嫌いをハッキリせず、こんなものでいいやと「好き」に妥協をして中途半端に好きなことを採用してしまうと、自分の感覚がわからなくなってしまいます。結果、今本当に必要なこと、大切なことがわからなくなってしまうのです。

男性と会話していると、今必要なものが見えてくる

男性性は焦点を絞るのが得意です。そのため男性性が育まれている男性と話していると、自分にとって必要なものとそうでないものが整理されや

すくなる、という現象が起きるでしょう。女性は男性の存在によって、自分の感覚にしっくり来なくなったものをどんどん手放し、しっくり来るものだけを残していけるようになるのです。何もないと感じるときほど空白を楽しめるようになれると、「思わぬ幸運」も呼び込めます。

「大好き」のセンサーを大切にすると、ときめきで満たされるようになる

感性豊かな女性性は、「大好き」なもので満たされていると、幸せな感覚を得やすくなるものです。ですから、「大好き」のセンサーを働かせ、欲しいもの、やりたいこと、ときめくことで満たせば満たすほど、人生はときめきで満たされるようになるのです。

その状態のとき、女性は自分を心から信頼できているので、パートナーに対しても信頼を感じています。信頼されたパートナーは、その女性のために役立ちたい、幸せにしたいと思うので、さらに幸せの循環がつくられていくのです。

幸せとは「条件」ではなく「感覚」

カウンター席に腰掛けながら、ビールを一口含んで秀人さんに報告する。

「あれから、意味なく幸せなんですよー」

「雰囲気でよくわかります」

「そうですか？」

雰囲気にも幸せそうなオーラが出ているのかと思うと嬉しくなる。

「『意味なく』というところが、いいですね」

「今まで、さんざんいろいろとやってきたのはなんだったのでしょう」

「『幸せ』というものは、簡単なものなのです。ですが、あまりにも簡単すぎて、ほとんどの方はまさかそんなにあっさりと手に入るとは思ってもいないのです」

「すごいわかります。最近では、お茶を飲んでるだけで『ああ、幸せだなあ』って感じるんです」

　埋まらなかった穴が埋まっている感覚が続いているのだ。

「幸せとは『感覚』なのです。何かが手に入るとか、状況がこうなる……といったことは、幸せとは全く関係ないのです」

「私、『結婚したら幸せになる』って、ずっとずっと思い込んでいました」

「その場合、実際に結婚したら不幸になっていたかもしれませんよ。ふふふふふふ」

「え、え、え、え、え――――」

『結婚したら幸せ』ということは、『結婚していない今は不幸』ということになります」

「思ってました！　友達が結婚するたびに、いいなー幸せになって、私だけどんどん取り残されてる……って思ってました！」

　自分だけおひとり様になって孤独な人生を歩むのではないかと、不安に悩まされていた日々を思い出した。

「心の癖は面白いものなのです。**『◯◯が手に入ったら幸せ』というパターンが染み込んだ場合には、実際にそれが手に入ったら、次の◯◯が現れるのです**」

「どういうことですか？」

「例えば、結婚したら、次に『子供ができたら幸せ』とかね」

「友達で子供が欲しいと悩んでる子います。それを聞いても、『あんた結婚できて素敵な旦那さんがいるのに、贅沢だよね』って内心思ってました」

「子供ができても、『子供がいい学校に入ったら幸せ』『そのためにもっとお金があったら幸せ』『旦那の稼ぎがよくなったら幸せ』とかね」

「際限ないのですね……」

誰もが幸せになりたいと思い何かを手に入れようとするけれど、それは根本的な幸せとは別物なのだ。

「『◯◯が手に入ったら幸せ』という思考パターンは、ずっとずっと繰り返されていくのです」

「抜けられないんですね」

「はい。心の奥では『今の私は不幸』が、残っているからです」

「どうしたらいいのでしょう？」

友達の多くが、今の自分は不幸と思って幸せを求め続けている。でもいったいなぜ、私は「今の私は不幸」という思考から抜けでることができたのだろうか。秀人さんから言われたことをただやっていただけなのに……。

「ですので、今のあなたのようになれば・・・・・・・・・・よろしいのです」

「私のように？」

「**『意味なく幸せ』という状態です**」

「……ああ！」

「今のあなたには、幸せには『条件』はありませんよね」

「そういえば、ないですね」

「普段から、好きなこと、やりたいことをやって、行きたい場所に行かれてますよね？」

「この間から、意識してやっています」

「その瞬間、幸せを感じるのでは？」

「はい。『楽しいっ！　幸せ』とか『美味しいっ！　幸せ』とか『嬉しいっ！　幸せ』とか」

好きのセンサーを意識して過ごすようになって以来、不思議なことに何をしても幸せを感じるのだ。

「もしも、『幸せ』と感じる瞬間が1時間続いたら、その1時間はどうでしょうか？」

「幸せな1時間……？」

「はい。もし、24時間続いたら？」

「幸せな……1日？」

「ということでございます。それが365日続けば……」

「その1年は……幸せな1年！」

「お気づきになられましたか？」

「はい！　**瞬間、瞬間が幸せになったら、それがずっと続いたら『幸せな人生』なんですね！**」

「ご名答！　その通りでございます」

謎が解けた。幸せは探すものではなくて、今幸せだと気づくものなのだ。なのに、ずっと私は幸せを「外」に探していたのだ。

「ショックです。私、いろいろ頑張っていたのはなんだったんだろう」

「今は、おわかりになりますよね？」

「そのときそのとき、自分のやりたいことをやって、好きなことをして、過ごしたい人と過ごすということですね」

「もう、私は必要ないですね。パーフェクトです」

だから秀人さんは、「大好き」なことだけで囲まれることを強調していたのだ。

とはいえ、人生はこんなに幸せだらけでいいのだろうか？　もっと厳しさに揉まれて努力しなくていいのだろうか？　大好きなことだけして幸せになっていいのだろうか？

「でも、なんだか現実逃避のような」

「そうでしょうか？　『現実生活のなかで』幸せなのですよね？」

「でも、でも、先も考えずに今の楽しさを優先したら、将来が……」

「どうなるのでしょう？」

「大変なことになりそうです」

「誰が仰っていたのでしょう？」


そう言われて考えると、思い当たる人がいる。

「うーんと……母親です」

「お母様は幸せそうでしたか？」

「私、田舎から出てきたんですけど、ああはなりたくないと思ってました」

「〝ああ〟とは？」

「寂《さび》れた場所で、社会で活躍することもなく、どこにも遊びに行けず、夫と子供のお世話ばかりをやっている人生です」

自分を犠牲にして、家族のことにかかりきりになっている人生なんて、退屈極まりないはず。だから、私はもっと自分を輝かせて生きたいと願っていたのだ。

「でも、結婚はしたかったのですよね？」

「だから、私は結婚しても仕事をやめるつもりはなかったし、旦那さんとも対等なパートナーシップでいるつもりでした」

「それで、東京の会社でキャリアを積んで、外資系の彼と婚約して、タワーマンションに住んで、子供を育てようという人生計画を立てていたのですね？」

「そうですよ！」

「今は、どうでしょう？」

「今は、どうでもいいかな。そうなったらそうなったで楽しいかもしれないし、ならなくても、今は幸せだし」

「どうあっても、幸せでいられそうということでしょうか？」

「おかげさまで！」

ついこの前まで理想と思っていたことは、どうでもいいことになっている自分に改めて気づく。

「自分が変わると周りが変わる」のは本当だった！

「お母様についてでは、どうでしょうか？」

「それが、最近母親と電話で話すと、楽しそうなんですよ」

「楽しそう……とは？」

「声が明るいし、自分の近況報告を一方的に話してきて、それでスッキリするのか、すぐに電話を切るし」

「結婚しろとは言われないのでしょうか？」

「そういえば、最近言われないですね……」

不思議なことに、母からの脅迫めいた「いい人はいないの？　早く結婚したら？」という押しつけがなくなったのだ。

「あなたの声が明るいからではないでしょうか？」

「ああ……あなたもそちらで頑張ってるのね、みたいなことは言われますね」

「きっとお母様にも、声が弾んでいるように聞こえるのでしょう」

「そっかー。そういえば、母親と話すのが最近は楽しいんです」

自分の気持ちが変わったからか、母がご機嫌で優しくなったように感じる。

「お母様もきっと、あなたと話したいだけなのでしょう。都会暮らしで大丈夫かな？　と心配はどこかでしているかもしれませんが、声を聞いて安心するのであれば、そこからは特に言うことはないのでしょう」

「前は私の声が暗かったから、『あなた大丈夫なの？　早く結婚したら？』っていちいち言われてたんですね」

「その可能性はございます」

母がネチネチした性格だと思っていたが、なんと私の問題だったのか。「自分が変わると周りが変わる」とはよく言われているが、本当にその通りだ。

「それに、結婚を勧めるってことは、母にとっては結婚生活が幸せだからなのかも」

「よいことに気づかれましたね。どうお感じになりますか？」

「そういえば、母はいつも楽しそうでした。よく笑ってました」

「不幸そうでしたか？」

「いいえ！　……あ、あら？」

「ふふふふ。『ああはなりたくない』……はずだったのでは？」

「え、え、あ、あああああ！　お母さん、幸せだったんだ！」

「気づかれましたか？」

母は不幸だと思っていたけれど、それも自分の思い込みだったとは……。

「私、ずっとずっと、母は結婚してから自分のことを犠牲にして、やりたいこともやらず、家族のために尽くしてきたのだと思ってました」

「そうだったのでしょうか？」

「多分、違います。好きな人と一緒になって、その人との間に子供ができて、家族と過ごして幸せだったんだと思います」

「お母様は幸せだったのですね？」

「ううう。グスっ……はい。私、ずっとずっと『お母さん、ごめんなさい』って思ってたんです。私のためにやりたいことができなくて、自分を犠牲にしてって……。うっうっうっ」

母が母らしく生きられないのは自分のせいだと思っていた。だから、もっと自由に生きてほしいと思い、母とは違う人生を選んだつもりだった。でも、それも私の勘違いだったなんて。

「お母さんをイメージすると、どんな表情ですか？」

「笑顔です！」

「よかったです。お母様は、ご自分を犠牲になどされてなくて、お好きなように生きられていたということですね」

「びっくりしました。母親がこんな風に見えたことはなかったから」

自分の持っているフィルターでしか世界を見ることはできないとは、このことなのか。

「これから、あなたの女性性はますます開いていくことでしょう」

「そうなんですか？」

「はい。お母様を否定している間は、自分の同じ部分を否定していることになるのです」

「なんとなく、わかります」

「そして、母親とは多くの場合『女性の象徴』でもあるのです」

「ああ……！」

「ですので、母親の否定とは『自分のなかの女性性の否定』へと繋がるのです」

母を受け入れたくない気持ちがずっとあった。でも、その気持ちがある限り、女性性を否定していることになるのだ。

「ずっとずっと母親のようになりたくはないと思いつつ、安心させなきゃと思ってました」

「お母様の言う通りにすることが、安心させることだと思っていたのですね」

「はい。あんたみたいになりたくないと思いつつ、言う通りにしなきゃ……って。矛盾してますよね」

「だから、お母様の言う通り、結婚しなきゃと思いつつ、わざわざ結婚に向いていないような相手とお付き合いする……といったことをされてきたのではないでしょうか？」

「ええ！　なんでわかるんですか!?」

「ふふ。あなたのことはお見通しだと言ったでしょう。これまではお母様のことを気にかけた人生だったのですね。そこに気づけたのですから、ここからは、スムーズにいくかもしれませんよ」

「なんだかスッキリはしています。これまでとは違った流れになりそう」

私は母のことをずっと気にかけて生きてきたのだ。母とは違う人生を歩むと思って頑張ってきたけれど、自分がどう生きていきたいのか見えてはいなかったのだ。

「運命をものにできる」準備が整った

「結婚についてはいかがでしょう？」

「うーんと、その前に私の人生をちゃんと生きることを優先したいです」

「そうしたら……？」

「いい人が現れたら、お付き合いしてもいいし、結婚したくなったらしてもいいですね」

「特にこだわりはない、ということですね？」

「ないですねー。今は楽しいし、幸せだし！」

囚われがなくなるとなんて楽なのか。以前の自分とは全く違う心地だ。

「それは何よりでございます。**そしてそれは、『運命をものにできる』準備が整ったということです**」

「本当ですか？　だとしたら嬉しいなあ」

「はい。何かを加えなくても今の自分で幸せだということは、目の前のことをひとつひとつ受け取ることができるということです」

「目の前のこと……？」

「目の前にあるものこそ『運命』なのです」

「……ああ！」

「『運命』とは遠くにあるものではございません。ですから、いつもどこかを見て探しているような場合には、足元にある『それ』を見逃してしまうのです」

運命とはもっと壮大でなかなか手に入れられないものだと思っていた。でも、こんな身近にあったなんて。

「私、ずっとずっと『運命の人』とか、自分がいるべき場所とか探してました」

「〝今〟幸せなのですよね？」

「はい！　今の私で、今の場所で幸せって手に入るんですね」

「それどころか、いつも、ずっと初めから『幸せ』はあったのです」

「今はわかります。私はずっと幸せだったし、『運命』にもいつも出会っていたんだって」

「そして、毎日を味わうことこそが『運命をものにする』ということなのです」

「今日、ここで話してることも運命だし、これまでのことも全部全部、運命だったんですね」

私が求めていたものはこれだったのだ。胸の奥から熱いものがこみ上げてくるのを感じる。

「素晴らしいですね。そこまでおわかりになってらっしゃるのであれば、もう大丈夫ですね」

「あの……また何かあったら話してもいいですか？」

「もちろんいいですよ。私は、いつもあなたのことを見守っていますので」

「本当にありがとうございます。このお店であなたに出会えたことで、これまで霧のかかったようにモヤモヤとしていた気持ちが、嘘のように晴れていきました。変化があったら、必ず報告しにきますね」

「嬉しいご報告をお聞かせいただくことを楽しみにしておりますね」

今、私の心は快晴だ。幸せしか来ないと確信できる未来に向かって、たしかな足取りでバー「絆」を後にした。

Onepoint Lesson

秀人さんのワンポイントレッスン⑦

内側から輝きが溢れる女性は美しい

人生を楽しんでいる女性は、内側からの輝きが溢れ出ています。内側が輝くと、メイクやファッションを楽しむ余裕も生まれますし、そんな自分を素敵だと思えるので、ますます輝きが増していくのです。

内側から輝いている女性に共通しているのは、「自分のことが好き」ということ。自分でいることが心地良いので、何をしていても幸せでいられるのです。でも、自分を好きになれないと誰といても不満が溜まり、ひとりでいても常にイライラするようになります。こうなると、内側からの輝きを感じられないので、魅力も感じられなくなってしまいます。

男性は、女性を新しい世界に連れ出せる

女性性は、今幸せであれば何もしなくても幸せですが、男性性は今にはない、外の世界へ羽ばたくことが大好きです。ですから、女性が男性性の

力を借りることができるようになると、これまでにはない、新しい世界への扉を開けるきっかけになるのです。つまり、今よりも、もっと輝けるステージや、舞台に踏み込むきっかけをくれるのが男性性なのです。

運命の出会いは、より自分らしさを引き出してくれる

自分以外の誰かと過ごすということは、今の自分を捨てなければいけないこともあります。そう考えると不自由なものに思えますが、一方で、今の囚われた自分を捨てることで、より自由に、自分らしさを感じられる場所になる可能性もあるのです。

まさに、今までの自分を脱ぎ捨てたくなる相手こそ「運命の存在」。自分ひとりだけでは描けない人生のステージを、共に創造することができるようになるのです。魂が惹かれる相手と出会ったならば、自分らしさを全開にして相手と接してみてください。勇気を持って踏み出すことで、その相手は「運命の人」となるのです。

運命から「連絡」が届く

店をでると、スマホがブルっと振動した。
また、電車の遅延のお知らせとかだろう。
そう思いながらスマホを開くと、1件のメッセージが入っている。
……名前を見た瞬間、息が止まる。

――杉村たかし――

６年前に、結婚寸前で別れてしまった彼だ。ずっと未練があって、イメージのなかで結婚式を挙げ、結婚後の生活を味わいきったあの彼だ。

まさか、たかしからこのタイミングで連絡がくるなんて……。

私は、偶然とは思えないたかしからの連絡に、心臓が張り裂けそうになりながら、メッセージを開いた。

Chapter 3
「女と男」がひとつになる世界

女と男のすれ違いはこうして始まる

——離婚がよぎったのは、いつからだろう。

彼女は思った。

——いつから離婚することを考えたのだろう。

彼は思った。

彼は今日も遅いのだろうか。鍋のなかには、彼が口にするはずだったシチューが、油と乳脂肪の冷え切った固まりとなっている。

今日は、彼女の機嫌はどうだろうか。最近、帰宅する前に立ち寄るようになったファミレスで、仕事に集中するつもりで入ったものの、またも終電近くまで漫然と過ごしてしまう。

結婚した当初から、私は彼と一緒の時間を楽しく過ごせるように、仕事をしながらも、家のなかを整えて、食事を作ったり、家事も頑張るようになった。でも、こんなにまで家にいなくて、いるとしても寝に帰るだけの人のために尽くすのは、日に日に虚しくなっていく。

僕は、彼女のために稼げる男になろうと仕事を頑張ってきた。それなのに、収入が思うように安定しない。しかも、予定外の子供までできてしまい、出産も近づいている。このままだと、どうなってしまうのか不安に押しつぶされてしまいそうだ。

秀人さんのことを思い出す。どんな風にアドバイスをくれるだろう。
そう思ったときだった。秀人さんが優しく語りかける声が届く。

――ですが、内なる声を無視し続けていると、いつしか自分のデッドラインを超えてしまうものなのです――

そうだった。私は寂しいんだ。たかしが独立してから頑張っているのはわかってる。だから重荷になりたくなくて、なんでもないふりを続けている。でも、このままじゃ、デッドラインをいつか超えてしまう。

そういえば、彼女のことを令子さんに相談したこともあったっけな。
その瞬間だった。令子さんの声が全身を駆け巡る。

――でも違うわね。先が見えなくなるのは、『誰のために』がないからよ――

忘れていないつもりだった。でも、すっかり忘れていた。僕は、いつしか仕事のことでいっぱいになっていた。なんのために、仕事をしているのか。まゆを幸せにしたいからだ。

本音が言えない女、受け止められない男

たかしと一緒にいても、寂しさを感じることが増えた。私のことなんてどうでもいいのだろうか……という気持ちになることがある。最近は、目も合わせてくれなくなった。

まゆを中心に人生を描いていたのに、いつしかそれがプレッシャーになっている自分がいる。彼女のことを受け止める自信もない。僕にはもう失望してしまっているんじゃないかと気になって、彼女の顔を見ることすらできない。

あの日、たかしから会社をやめて独立したいと告白された日。私は「あなたがや

りたいと思うなら、やるべきだよ」と後押しをした。その頃は、まだ若いんだし、私だっていざとなったら稼げるし、ふたりでいればなんとか乗り越えられる。そう思っていた。

でも、本当は不安だった。これをきっかけにして、ふたりの関係が変わってしまうのではないだろうか。そんな予感があった。

あの頃、僕は、このままこの会社にいても、先が見えないことを悟っていた。仮に出世をしたとしても、給与にも限界があり、世の中の動きを見ていても、組織にしがみつくよりも、思い切って独立したほうがいいのではと思い始めた。

もしチャレンジするとしたら、失敗しても再就職などが狙えるギリギリの年齢の今だと思った。

秀人さんの声でハッと気づく。

――あなたがご自身を扱うように、世界もあなたを扱います。まず、ご自身を最優先に大切に扱うことで、他からも、大切に扱われるようになるのです。もちろん、彼からもです――

いつの間にか、私は「彼のため」にできることを中心に置くようになっていた。最近では、たかしにわかってもらうことを諦めているところがあった。でも、私がまず私の本音を大切にしなきゃ。

令子さんの声がお腹のあたりで響く。

――自分がどんな姿を見せても何を言っても、「この人は受け止めてくれる」って感じれば感じるほど、女性性というものは気持ちが楽になっていくのよ――

僕は、自分がしんどいということばかりで、まゆのことまで気を配る余裕がすっかりなくなっていた。今の彼女にとって必要なのは、受け止めてもらえることだよね。

幸せを感じられない女、自信を感じられない男

私のなかで、もうこのままじゃ、幸せは遠くにいってしまうんじゃないかという気持ちが日に日に膨らんでいく。たかしは、私たちのこの先のことを考えてくれているのだろうか。

僕は、毎日のように忙しい顔をしながら、これから先、なんとかなりそうだから大丈夫だという根拠のない強がりで自分を支えている。でも、現実が追いついていない。大丈夫な未来をまゆに見せてあげることもできない。

これまで私は、子供が生まれる前までに目処が立たないなら安定した仕事につい

てほしいとどこかで思うものの、私のせいでやりたいことがやれなかったと後から言われるのは嫌だし、夫を応援できる妻でいたいと思って、後押しをしてきた。
それでも、モヤモヤしてしまう。それを伝えるとたかしを信じていないみたいになるので、自分の胸に収めていた。

僕は、独立してから仕事が不安定になり、収入のある月とない月があって、貯金をどんどん切り崩していくことになっていった。残高が少なくなるたびに、不安は大きくなっていく。
まゆは、ときおり不満そうな顔を見せるようになった。そんなに僕のことが信用できないのかと、悲しくなる。

秀人さんの目覚めるような声が聞こえる。

――まず、ご自身の幸せを優先してくださいませ。そのために『相手に尽くす』、

つまりは、相手の顔色を窺うことを手放す必要があるのです――

ああ、そうか、彼の仕事はどうであろうと関係ない。私は幸せでいたいだけなんだ。まず、私は、私の幸せを描くところから始めよう。

令子さんの言葉で我に返る。

――素直さって、無防備な姿を晒してくれるってこと。鎧を着けて自分を隠している人なんてね、余裕のない小さな男にしか映らないのよ――

僕の気持ちは――僕は、彼女を幸せにしたい。いや、そうなれる自分になりたいんだ。でも、先が見えなくて不安でいっぱいで、それだけになっている自分がいる。どれだけカッコつけたって、ちっぽけなままじゃないか。

関係が気になる女、先が気になる男

たかしは、毎日疲れた顔で帰宅してくる。いつも不機嫌で家のことは全部私任せ。もう少しで子供も生まれるけど、彼は協力してくれるだろうか。私は仕事をしながら育児も家事も背負わなければならない気がして、憂鬱になる。

最近、いつも頭がボーッとする。家にいてもなんだか責められているような気がするし、ダルくて、動きたくもない。ご飯の味もよくわからない。

私の仕事は結婚してからは、軌道に乗るようになった。それまでは、会社を辞めてしまったら食べていけないという思いがあったけど、いざとなったら主婦という選択もありかもと割り切ったら何かが吹っ切れて、前よりも仕事で本音を主張できるようになった。そうなるにつれて楽しさも増してイキイキするから、いい仕事も舞い込むという好循環に入った。

でも、私が上手くいけばいくほど、彼との関係がギクシャクしているような気がする。

僕は、次第に焦るようになった。自分はビジネスで先が見えない。彼女は、どんどん輝いていって、仕事でも認められている。彼女の周りには、仕事ができそうな男性がたくさんいるだろう。このままでは、その男たちにまゆを取られてしまうのではないのか、といった不安を抱えるようになってしまった。

秀人さん、こんなときはどうすればいいのかな。

――彼は、あなたをいつだって幸せにしたいのです。しかしながら、そのための

『マニュアル』がないのです——

たかしは、自分のことばかりが大切なように私には見えてしまうけれど、本当は私を幸せにしたいのかな。私が気持ちを伝えていったら、何か変わるのかな。

令子さん、僕はこのままじゃダメになってしまいそうなんです。

——本能を抑えちゃったら、生命力が衰えたひ弱な男性になっていくだけよ——

そうなんだよな。僕は、頼りがいのある男になりたい、相応しい男になりたいと思うあまりに、いつの間にか、まゆに対抗意識をどこかでも持つようになってしまっていた。でも、ただまゆの笑顔が見たいだけなんだ。今の僕は、肝心の彼女からも逃げてしまっている。

頼れない女、顔色を窺う男

そういえば、私は何が欲しくて結婚したんだっけ。少なくとも、こんな状況じゃなかったはず――私にとってたかしは必要なのだろうか。そんな迷いが浮かんでは消える。

まゆは、僕のことをどう思っているのだろう。そろそろ呆れたり、見放したくなったりしていないかな。彼女の気持ちを確認するのが怖い。彼女を直視できない僕がいる。

私は、家庭だけに縛られてしまうのは嫌だ。専業主婦ではなく、なんらかの方法で自分も仕事をして収入を得る形は持続したいと思っている。

社外でも、新しい可能性や出会い、経験を広げようとちょこちょことあちこちに顔を出すようにしたら、今まで出会ったことのない世界の人とも交流ができるようになって、人の輪が広がっている。

でも、たかしにそのことを話すと、いつもつまらなそうな顔をされる。私のことなんて興味ないのかな。そのたびに、彼とのこれからが不安になる。

僕のなかでは、まゆが外で楽しそうな話をするたびに、どこか嫉妬や焦りを感じるようになってしまっている。

この先、彼女に置いていかれてしまうんじゃないかという不安と焦りが、日に日に増していく。少しずつ余裕がなくなっていく。

彼女からすると、今の僕は情けなく映っていないだろうか。たまに、嫌味を言われているような気にさえもなってくる自分が嫌だ。

秀人さんの言っていたことが、ふっと頭をよぎる。

——ふふふ。人の心というものは、天邪鬼なものでございます。なぜ、不安をお感じになるかというと、その奥に『願い』が眠っているからです——

私が不安を感じるのは、仕事じゃない。お金でもない。たかしとの関係だ。彼の気持ちがどんどん見えなくなる。私は、彼から愛されている実感がほしい。

令子さんがあのとき口にしたひと言が浮かぶ。

——ストレートな視線で真っ直ぐ見つめてくれたらドキドキしてしまうのよ。求められてるって感じさせてくれたら、どんどんセクシーな気持ちになるわ——

僕は、自分の身を守ることばかり考えていた。まゆからどう見られるかってことばかり気にするようになってしまっていた。僕がちゃんと彼女を見ないとダメなんだ。

不満を抱える女、逃げる男

私は、彼との結婚生活に何を求めていたのだろう。今の生活のなかでごちゃごちゃになって見えなくなってきている。

僕には、彼女のことまで気にかけている余裕がない。そして、このまま子供が生まれたらどうなるのか、全く見えない。

最近では、私は、たかしを見るだけでイライラするようになっている。いろいろ大変そうで、話しかけてもいつも不機嫌で黙り込む彼。

私だって、初めての出産を目前にして不安でいっぱいだし、仕事でもストレスを抱えていて話を聞いてほしいのに、自分ばかりいつも大変そうで辛そうな顔を毎日見せつけられる日々にうんざり。

家にいると、ヒステリックなまゆがいる。ちょっとしたことですぐにキレて、いつも機嫌が悪い。何かあると僕のことを責めてくる。今の僕には力がないから仕方ないので、せめて言い返さずに黙って聞いている。

でも、少しはわかってほしい。普段からどれだけ抱え込んで、向き合ってきているのか、ほんのちょっとでも理解してくれないと、このままじゃ限界だ。

秀人さんの声が頭の中で響いた。

――女性性というものは不思議な力があるのです。ただ、嫌なもの、好きではないもの、ストレスを感じるものを抱えれば抱えるほど、そのセンサーは狂っていくのです――

そうだった。私は、もう自分に嘘をつかない。たかしとの関係が、どうなってもいい。本当に感じたことを伝えよう。

令子さんの言葉が蘇った。

――でもね『ふたりの幸せ』を実現するために、器をデザインし直すことはいつでもできるのよ――

彼女のことを改めて見る。彼女が感じていることをしっかり感じる。彼女の声を聴く。やり直せるのであれば、「今のまゆ」の声を受け止めて、ふたりを入れる器をデザインし直さなきゃ、このままでは終わってしまう。

「それ」は、世界をシフトさせてしまう

私は、子供ができたとき、たかしは変わるとどこかで信じていた。でも、実際は、より悪化していく彼を見て日に日に不安が大きくなる一方。この人は、もしかして、自分のことしか考えていないのでは？　と、彼に対しては不信感と不快感しか、もう感じない。

僕は、今にもプレッシャーに押しつぶされそうだ。ただでさえ、自分ひとりの収入では生活が厳しいのに、子供まで養うことなんてできそうにない。だんだんと仕事を言い訳にして外に出てから帰宅時間が遅くなっていく日々。休日は、いかに仕事が大変なのかをアピールするようになっていく自分が情けなさ過ぎて、どこかに消え去ってしまいたい。

――私には、もう運命が見えない。

――僕には、もう未来が見えない。

その瞬間、私の世界にハッキリと声が響き渡ったのだ。全身を電流が走る。
――これ……!?　これを言うの!?
「それ」を口にした瞬間、今までの全てが終わってしまうひと言。
全身がガタガタと震えて、血の気が引いていくことがわかる。
頭が真っ白になる。口の中は、カラカラになる。
そして、私は、ついに突きつけた。

「このクズ男。死ね！」

もう、彼と別れてもいい。いや、コイツが世界からいなくなってもいい。滅んでくれていい。

周りになんと言われようと、私は私を幸せにする。

私は、私を一生見捨てない。

その覚悟ができた。

――コノクズオトコ。シネ！

入ってきた瞬間、頭で受け取り解凍する前に、僕のなかで何かが壊れた。

彼女のひと言で、僕は崩壊した。

僕がずっとずっと恐れていたど真ん中に投げかけられた一撃。

ずっと逃げてきた、見ないようにして、必死にそうならないようにしていた「それ」。

僕をこれまで僅かながらも支えていた最後の足場が崩れ去った。

人生のなかで、絶対に落ちたくない場所だった。それが、こんなにもあっけなく、どこかに掴まろうとする間もなく、あっさり転落してしまった。

もう、僕には何も残っていないのだ。


そのとき、私のなかで意外な反応が起きる。

くっくっくっくっ。笑いがこみ上げてくる。

僕は予想外の感覚に包まれた。
全てが抜け落ちて——失った先にあったのは、安堵感。

お腹の底の微かな振動は、次第に大きくなって全身を包んでいった。

と同時に、「あ――っはっはっはっは！　何間抜けな顔をしてんのよ。バッカみたい」と、彼に対してなのか、自分に対してなのかどちらともつかない言葉が思わず出ていた。

思わず、彼女と顔を見合わせて吹き出してしまう。僕が囚われていたのは、なんて小さなものだったんだ。目の前の彼女の笑顔、温もり、一緒に幸せを分かち合うこと。それこそが、大切なものなんだ。

その瞬間、「あの人」の言葉が浮かび上がる。

――『運命』とは遠くにあるものではございません。ですから、いつもどこかを見て探しているような場合には、足元にある『それ』を見逃してしまうのです——

——女性が欲しいのは、お金が有る無しではなくて、『私の事を愛している』という強い想い。いざというときに一緒にいてくれるかどうかが大事なのよ——

私には、もう、彼がいなくてもいい。だから彼が少しでも私の世界へ歪みを与えるようであれば、もう、私はいつでもここから彼を一瞬の迷いもなく、躊躇なく追い出すことができる。そう腹が据わったとき、全てがわかった。

——今一緒にいる。もう、それだけでいい。

彼が稼げる男だろうが、仕事ができようが、私には関係ない。彼に変わってもらおうとは、もう思わない。

そして、なんとも説明し難い感覚に包まれている。

私は、どう振る舞っても自由で安全な場所にいる。そして、その場所は「彼」の存在によって成り立っているのだ。

彼は、いつ「ここ」からいなくなってもいい。でも、「ここ」は「自分」でもあり、「彼」でもある。

僕は、もう彼女の評価を気にする必要はない。これ以上、もう落ちようがないところまで来てしまった。彼女にとって、僕は相応しくないと思えば、そのときは、彼女が自分で判断するだろう。

——この瞬間は、彼女はいてくれる。それが「全ての答え」だ。

僕が歩んでいる道を「正解」にするのは、僕自身だ。世間体は関係ない。彼女のことも言い訳にしない。

でも、不思議な感覚だ。「自分」という存在のなかに彼女がいる。彼女がいなくなってしまったとしたら、その僕は、もう「自分」ではない。「ここ」にいる「自分」は、「彼女」という存在でもある。

そして、「私たち」は、その瞬間から、初めて「ひとり」と「ひとり」として、

「ひとつの世界」を共に歩むパートナーとなったのだ。

久しぶりに「絆」を訪問してみることにした。あの場所に行ってみると――あったはずの地下へ伸びる石畳の階段も、店もない。正しくは、「カフェ」はある。狐につままれたような気分で店の中に入ると、女性店主がカウンターにいる。

「ここって、バーじゃありませんでしたっけ？」と質問すると、

「さあ、私、ここで20年は営業しているからねえ」

と返ってきた。

久方ぶりに令子さんに連絡を取ることにした。

「あら杉村、どうしたの？　元気だった？　何年ぶり……飲み会以来だっけ？

……え!? なんのこと? 杉村の家になんて行ってないし、第一、私、5年前に結婚してから札幌を出てないしね」

私たちが、あのとき経験した「あの人」との会話は、幻だったのだろうか。夢の中の出来事だったのだろうか。

でも、そんなことはどうでもいい。確実にわかるのは、この、繋いだ手を通して感じる温かさと、確かな感触だ。

エピローグ

はるか先の未来――。

ひとりは知りたかった。「じぶん」のことを。

未来の「ひとり」は、「じぶん」を知るために男女に分離し、過去に誕生した。

どう過ごすかで、未来の「ひとり」も変わることになる。

「おんな」と「おとこ」、理解できないところからスタートしよう。

愛するからこそ、知りたいと渇望し引力が生まれて、真逆だからわかり合えないけれど、強烈に惹きつけ合う。

そしてひとりは、繋がっていることにした。

男性の自分からは、「女の存在」として映る。
女性の自分からは、「男の存在」として映る。

男性のフィルターを通すとひとりは「女性」となり、
女性のフィルターを通すとひとりは「男性」となる。

そして今、ひとりは全てうまくいったことを知った。

解説

編集担当　佐藤友香

「解説を友香さんに書いて頂きたい」

著者の堀内さんから言われて驚いた。編集担当者が「推薦文」を書く本だなんて手前味噌すぎて恥ずかしい——そう思っていたが、堀内さんは真剣そのもの。悩んだが、確かにこの本ができた経緯を考えると、納得がいった。

かねてより私自身が堀内さんの文章やブログのテーマが大好きだった。堀内さんは暫く本を出すつもりはないとブログにも書いていたのだが、熱意あるメールを出したら堀内さんから、突然会社に電話がかかってきた。

「あなた、以前〝あの本〟を創った編集者じゃないですか？」

「そ、そうです……なんでわかったんですか？」

「ピンときて。なんだかそんな気がしたんです」

〝あの本〟とは、以前勤めていた出版社で編集を担当しただいぶ前の本のことで、私は会社も変わっていたし、わかるはずもないのだが、堀内さんはなぜか理屈を超えてわかったという。そして、私と本を創ることも、瞬時に理解したというのだ。

もしかして、これがシンクロ？　そんな不思議な力に気圧されながら、いつか絶対やってみたいと思っていた女性性と男性性の物語がスタートした。

企画が通過すると、大阪から来られた堀内さんと初めてお会いした。なんだろう、この安心感。昔からずっと知っているようなすごく懐かしい気持ちがした。その後も何度も打ち合わせを重ねるが、テーマも内容もなかなかビシッと決まらない。スイーツを食べながらゆるんだ思考で雑談を重ねていると、どんどん構想が壮大になり、また肉付けされていく。じっくりじっくり太くしていくバームクーヘンのような過程でできた、普段ではありえない、これまた不思議な進め方であった。

この本は、実はかなり私の経験談もベースになっている。原稿ができるにつれて、目を背けたい、ヒリヒリした気持ちになり、ときには共感のあまり涙しながら編集に向かった。

そして、いろいろなことに頑張っているのに、なぜかパートナーシップがうまくいかない、自信が持てない、人から褒められても嬉しいくせに受け取れない、外では自信ある風を装っていても、内心傷ついたり苦しんだり、くよくよしたり……あと一歩が踏み出せない、私の中にあり、非鳴を上げている「女性性」を救ってくれる本だ。そして、きっとあなたの本だ。

女性は強い。強いけど弱い。傷つきながらそれを糧にして、必ず少しずつ進む強さを持っている。今悩みがある方にも実践してもらうことで、奇跡的な変化がきっとある。実は、編集をしながら素直に実践したら、私自身のパートナーシップが好転し、長年の夢があっさりと叶ってしまった。

本が完成したら、読者の目線でもう一度本を読み直して、改めて勉強しようと思う（笑）。

おわりに

この物語は、最初は「お話」ですらありませんでした。当初の予定では「女性性・男性性の実用解説書」にしようということで、1年ほど打ち合わせをしてきました。

その流れのなかで、たまたま小説仕立てにしてみては？　ということになり、勢いで「そうしましょう！」と答えたものの、それまでの人生で小説形式のものを自分が書くことになるとは考えたことすらなく、取り掛かり始めてから事の重要性を理解したという有様です。

いざ書き始めると、想像していた以上に大変な作業となりました。

フィクションを創作することそのものではなく、「ただ書く」というだけでは、薄っぺらい表現になってしまうからです。主人公の「心の動き」を生々しく描いていかなければ、全く臨場感がでないのです。

まるでこれは「精神的なストリップ」のような体験となり、特に「色気」「本能」「欲望」というテーマを扱った30ページほどに至っては、あたかも自分の性癖を世界中の人たちに公開するような恥ずかしさを感じてしまい、まったく筆が進まなくなりました。

この本は「3つの物語」に分かれます。最初の物語に登場する人物「杉村たかし」のエピソードは、僕の個人的な実体験によるものがベースとなっています。

20代の頃の青臭くて世間知らずで、女性が苦手だった頃の自分そのままで、懐かしさを感じると同時に、「もっとしっかりしろ！」という歯がゆさに身悶えしそうになりながら書き進めていきました。

その他の登場人物についても、さりげなく出したキャラクターについてはでてくる言葉や行動に一貫性がなかったり、行動原理がわからない「ただ鬱陶しい人物」となってしまうことが多く、ストーリーにはでてこないひとりひとりの年齢、個人的な体験、その後のエピソードなども含めて設定していくことで、自然と動き出していくようになりました。

そのようなわけで、この一冊が書き上がる頃には、このドラマの世界やメンバーをすっかり愛おしく感じるようになってしまい、もっとずっとここに浸っていたいと思うようになってしまいました。

できることであれば、読者のあなたにとってもそんな存在となったら嬉しいです。

堀内恭隆

堀内恭隆（Horiuchi Yasutaka）

一般社団法人 LDM 協会代表理事。株式会社シンクロニシティ・マネジメント代表取締役社長。講演家、作家、カウンセラー。
認知心理学、脳科学、コミュニケーション、セラピー、コーチングなど、さまざまなテーマを独自に研究。それらを統合したメソッド「LDM（ライフ・デザイン・メソッド）」を開発し、自分らしさを最大限に発揮する生き方を発信。誰もが備える、その人ならではの能力の引き出し方から、パートナーシップなど多岐にわたる人間関係の問題解消までをサポートし、5000名を超える受講者から喜びの声多数。また、海外のセミナーで女性性と男性性という新しい概念に衝撃を受けて以来、女性性と男性性について探求。研究オタクでありながら、インスピレーションを最も大切にする個性的なメッセージは、国内外で熱狂的なファンを集めている。2人の娘の父親でもある。著書に『夢をかなえる人のシンクロニシティ・マネジメント』（サンマーク出版）。
★公式 Twitter　https://twitter.com/hori_yasu

編集協力／RIKA（チア・アップ）、橋詰大輔
装丁・本文デザイン／白畠かおり
挿画／pomodorosa
DTP／トム・プライズ
Special Thanks／Ko
編集／佐藤友香

ベストパートナーと
宇宙一カンタンにつながる方法

2020年3月19日　第1版第1刷発行
2020年4月8日　　　　第2刷発行

著　者…………堀内恭隆
発行所…………WAVE出版
〒102-0074 東京都千代田区九段南3-9-12
TEL 03-3261-3713　FAX 03-3261-3823
振替 00100-7-366376
E-mail：info@wave-publishers.co.jp
https://www.wave-publishers.co.jp
印刷・製本…………中央精版印刷株式会社

©Yasutaka Horiuchi 2020 Printed in Japan
NDC159　327P　19cm　ISBN978-4-86621-237-1
落丁・乱丁本は小社送料負担にてお取り替えいたします。
本書の無断複写・複製・転載を禁じます。